U0605372

全民法律普及系列

QUANMINAIGUOZHUYIJIAOYU
FALÜPUJISHOUCE

全民
爱国主义教育
法律普及手册

含法律法规、相关文件、典型案例及实用问答

中国法制出版社
CHINA LEGAL PUBLISHING HOUSE

图书在版编目（CIP）数据

全民爱国主义教育法律普及手册／中国法制出版社
编 . —北京：中国法制出版社，2024.1
　　ISBN 978-7-5216-3949-0

　　Ⅰ . ①全… Ⅱ . ①中… Ⅲ . ①爱国主义教育法-中国
-手册 Ⅳ . ①D922.16-62

　　中国国家版本馆 CIP 数据核字（2023）第 208728 号

责任编辑：杨　智　　　　　　　　　　　封面设计：杨泽江

全民爱国主义教育法律普及手册
QUANMIN AIGUO ZHUYI JIAOYU FALÜ PUJI SHOUCE

编者/中国法制出版社
经销/新华书店
印刷/三河市紫恒印装有限公司
开本/880 毫米×1230 毫米　32 开　　　　印张/6　字数/125 千
版次/2024 年 1 月第 1 版　　　　　　　　2024 年 1 月第 1 次印刷

中国法制出版社出版
书号 ISBN 978-7-5216-3949-0　　　　　　　定价：28.00 元

北京市西城区西便门西里甲 16 号西便门办公区
邮政编码：100053　　　　　　　　　　　传真：010-63141600
网址：http：//www.zgfzs.com　　　　　编辑部电话：010-63141816
市场营销部电话：010-63141612　　　　印务部电话：010-63141606

（如有印装质量问题，请与本社印务部联系。）

目 录

CONTENTS

四、相关典型案例

五、简明实用问答

一、专门法

中华人民共和国爱国主义教育法

（2023 年 10 月 24 日第十四届全国人民代表大会常务委员会第六次会议通过　2023 年 10 月 24 日中华人民共和国主席令第 13 号公布　自 2024 年 1 月 1 日起施行）

目　　录

第一章　总　　则

第一条　为了加强新时代爱国主义教育，传承和弘扬爱国主义精神，凝聚全面建设社会主义现代化国家、全面推进中华民族伟大复兴的磅礴力量，根据宪法，制定本法。

第二条　中国是世界上历史最悠久的国家之一，中国各族人民共同创造了光辉灿烂的文化、共同缔造了统一的多民族国家。国家在全体人民中开展爱国主义教育，培育和增进对中华民族和伟大祖国的情感，传承民族精神、增强国家观念，壮大和团结一切爱国力量，使爱国主义成为全体人民的坚定信念、精神力量和自觉行动。

第三条 爱国主义教育应当高举中国特色社会主义伟大旗帜，坚持以马克思列宁主义、毛泽东思想、邓小平理论、"三个代表"重要思想、科学发展观、习近平新时代中国特色社会主义思想为指导，坚持爱国和爱党、爱社会主义相统一，以维护国家统一和民族团结为着力点，把全面建成社会主义现代化强国、实现中华民族伟大复兴作为鲜明主题。

第四条 爱国主义教育坚持中国共产党的领导，健全统一领导、齐抓共管、各方参与、共同推进的工作格局。

第五条 爱国主义教育应当坚持思想引领、文化涵育，教育引导、实践养成，主题鲜明、融入日常，因地制宜、注重实效。

第六条 爱国主义教育的主要内容是：

（一）马克思列宁主义、毛泽东思想、邓小平理论、"三个代表"重要思想、科学发展观、习近平新时代中国特色社会主义思想；

（二）中国共产党史、新中国史、改革开放史、社会主义发展史、中华民族发展史；

（三）中国特色社会主义制度，中国共产党带领人民团结奋斗的重大成就、历史经验和生动实践；

（四）中华优秀传统文化、革命文化、社会主义先进文化；

（五）国旗、国歌、国徽等国家象征和标志；

（六）祖国的壮美河山和历史文化遗产；

（七）宪法和法律，国家统一和民族团结、国家安全和国防等方面的意识和观念；

（八）英雄烈士和先进模范人物的事迹及体现的民族精神、时代精神；

（九）其他富有爱国主义精神的内容。

第七条　国家开展铸牢中华民族共同体意识教育，促进各民族交往交流交融，增进对伟大祖国、中华民族、中华文化、中国共产党、中国特色社会主义的认同，构筑中华民族共有精神家园。

第八条　爱国主义教育应当坚持传承和发展中华优秀传统文化，弘扬社会主义核心价值观，推进中国特色社会主义文化建设，坚定文化自信，建设中华民族现代文明。

第九条　爱国主义教育应当把弘扬爱国主义精神与扩大对外开放结合起来，坚持理性、包容、开放，尊重各国历史特点和文化传统，借鉴吸收人类一切优秀文明成果。

第十条　在每年 10 月 1 日中华人民共和国国庆日，国家和社会各方面举行多种形式的庆祝活动，集中开展爱国主义教育。

第二章　职 责 任 务

第十一条　中央爱国主义教育主管部门负责全国爱国主义教育工作的指导、监督和统筹协调。

中央和国家机关各部门在各自职责范围内，组织开展爱国主义教育工作。

第十二条　地方爱国主义教育主管部门负责本地区爱国主义教育工作的指导、监督和统筹协调。

县级以上地方人民政府教育行政部门应当加强对学校爱国主义教育的组织、协调、指导和监督。县级以上地方文化和旅游、新闻出版、广播电视、电影、网信、文物等部门和其他有关部门应当在各自职责范围内，开展爱国主义教育工作。

中国人民解放军、中国人民武装警察部队依照本法和中央军事委员会的有关规定开展爱国主义教育工作，并充分利用自身资源面向社会开展爱国主义教育。

第十三条 工会、共产主义青年团、妇女联合会、工商业联合会、文学艺术界联合会、作家协会、科学技术协会、归国华侨联合会、台湾同胞联谊会、残疾人联合会、青年联合会和其他群团组织，应当发挥各自优势，面向所联系的领域和群体开展爱国主义教育。

第十四条 国家采取多种形式开展法治宣传教育、国家安全和国防教育，增强公民的法治意识、国家安全和国防观念，引导公民自觉履行维护国家统一和民族团结，维护国家安全、荣誉和利益的义务。

第十五条 国家将爱国主义教育纳入国民教育体系。各级各类学校应当将爱国主义教育贯穿学校教育全过程，办好、讲好思想政治理论课，并将爱国主义教育内容融入各类学科和教材中。

各级各类学校和其他教育机构应当按照国家规定建立爱国主义教育相关课程联动机制，针对各年龄段学生特点，确定爱国主义教育的重点内容，采取丰富适宜的教学方式，增强爱国主义教育的针对性、系统性和亲和力、感染力。

第十六条 各级各类学校应当将课堂教学与课外实践和体验相结合，把爱国主义教育内容融入校园文化建设和学校各类主题活动，组织学生参观爱国主义教育基地等场馆设施，参加爱国主义教育校外实践活动。

第十七条 未成年人的父母或者其他监护人应当把热爱祖国融入家庭教育，支持、配合学校开展爱国主义教育教学活动，引导、鼓励未成年人参加爱国主义教育社会活动。

第十八条 国家机关应当加强对公职人员的爱国主义教育，发挥公职人员在忠于国家、为国奉献，维护国家统一、促进民族团结，维护国家安全、荣誉和利益方面的模范带头作用。

第十九条 企业事业单位应当将爱国主义教育列入本单位教育计划，大力弘扬劳模精神、劳动精神、工匠精神，结合经营管理、业务培训、文化体育等活动，开展爱国主义教育。

教育、科技、文化、卫生、体育等事业单位应当大力弘扬科学家精神和专业精神，宣传和培育知识分子、专业技术人员、运动员等胸怀祖国、服务人民、为国争光的爱国情感和爱国行为。

第二十条　基层人民政府和基层群众性自治组织应当把爱国主义教育融入社会主义精神文明建设活动，在市民公约、村规民约中体现爱国主义精神，鼓励和支持开展以爱国主义为主题的群众性文化、体育等活动。

第二十一条　行业协会商会等社会团体应当把爱国主义精神体现在团体章程、行业规范中，根据本团体本行业特点开展爱国主义教育，培育会员的爱国热情和社会担当，发挥会员中公众人物和有社会影响力人士的示范作用。

第二十二条　国家鼓励和支持宗教团体、宗教院校、宗教活动场所开展爱国主义教育，增强宗教教职人员和信教群众的国家意识、公民意识、法治意识和爱国情感，引导宗教与社会主义社会相适应。

第二十三条　国家采取措施开展历史文化教育和"一国两制"实践教育，增强香港特别行政区同胞、澳门特别行政区同胞的爱国精神，自觉维护国家主权、统一和领土完整。

国家加强对推进祖国统一方针政策的宣传教育，增强包括台湾同胞在内的全中国人民对完成祖国统一大业神圣职责的认识，依法保护台湾同胞的权利和利益，坚决反对"台独"分裂行径，维护中华民族的根本利益。

国家加强与海外侨胞的交流，做好权益保障和服务工作，增进海外侨胞爱国情怀，弘扬爱国传统。

第三章　实　施　措　施

第二十四条　中央和省级爱国主义教育主管部门应当加强对爱

国主义教育工作的统筹，指导推动有关部门和单位创新爱国主义教育方式，充分利用各类爱国主义教育资源和平台载体，推进爱国主义教育有效实施。

第二十五条　县级以上人民政府应当加强对红色资源的保护、管理和利用，发掘具有历史价值、纪念意义的红色资源，推动红色旅游融合发展示范区建设，发挥红色资源教育功能，传承爱国主义精神。

县级以上人民政府文化和旅游、住房城乡建设、文物等部门应当加强对文物古迹、传统村落、传统技艺等历史文化遗产的保护和利用，发掘所蕴含的爱国主义精神，推进文化和旅游深度融合发展，引导公民在游览观光中领略壮美河山，感受悠久历史和灿烂文化，激发爱国热情。

第二十六条　爱国主义教育基地应当加强内容建设，丰富展览展示方式，打造精品陈列，为国家机关、企业事业单位、社会组织、公民开展爱国主义教育活动和参观学习提供便利服务，发挥爱国主义教育功能。

各类博物馆、纪念馆、图书馆、科技馆、文化馆、美术馆、新时代文明实践中心等，应当充分利用自身资源和优势，通过宣传展示、体验实践等方式，开展爱国主义教育活动。

第二十七条　国家通过功勋荣誉表彰制度，褒奖在强国建设、民族复兴中做出突出贡献的人士，弘扬以爱国主义为核心的民族精神和以改革创新为核心的时代精神。

第二十八条　在中国人民抗日战争胜利纪念日、烈士纪念日、南京大屠杀死难者国家公祭日和其他重要纪念日，县级以上人民政府应当组织开展纪念活动，举行敬献花篮、瞻仰纪念设施、祭扫烈士墓、公祭等纪念仪式。

第二十九条　在春节、元宵节、清明节、端午节、中秋节和元旦、国际妇女节、国际劳动节、青年节、国际儿童节、中国农民丰收节及其他重要节日，组织开展各具特色的民俗文化活动、纪念庆祝活动，增进家国情怀。

第三十条 组织举办重大庆祝、纪念活动和大型文化体育活动、展览会，应当依法举行庄严、隆重的升挂国旗、奏唱国歌仪式。

依法公开举行宪法宣誓、军人和预备役人员服役宣誓等仪式时，应当在宣誓场所悬挂国旗、奏唱国歌，誓词应当体现爱国主义精神。

第三十一条 广播电台、电视台、报刊出版单位等应当创新宣传报道方式，通过制作、播放、刊登爱国主义题材的优秀作品，开设专题专栏，加强新闻报道，发布公益广告等方式，生动讲好爱国故事，弘扬爱国主义精神。

第三十二条 网络信息服务提供者应当加强网络爱国主义教育内容建设，制作、传播体现爱国主义精神的网络信息和作品，开发、运用新平台新技术新产品，生动开展网上爱国主义教育活动。

第四章 支 持 保 障

第三十三条 国家鼓励和支持企业事业单位、社会组织和公民依法开展爱国主义教育活动。

国家支持开展爱国主义教育理论研究，加强多层次专业人才的教育和培训。

对在爱国主义教育工作中做出突出贡献的单位和个人，按照国家有关规定给予表彰和奖励。

第三十四条 中央爱国主义教育主管部门建立健全爱国主义教育基地的认定、保护、管理制度，制定爱国主义教育基地保护利用规划，加强对爱国主义教育基地保护、管理、利用的指导和监督。

各级人民政府应当加强对爱国主义教育基地的规划、建设和管理，完善免费开放制度和保障机制。

第三十五条　国家鼓励和支持创作爱国主义题材的文学、影视、音乐、舞蹈、戏剧、美术、书法等文艺作品，在优秀文艺作品评选、表彰、展览、展演时突出爱国主义导向。

第三十六条　国家鼓励和支持出版体现爱国主义精神的优秀课外读物，鼓励和支持开发体现爱国主义精神的面向青少年和儿童的动漫、音视频产品等。

第三十七条　任何公民和组织都应当弘扬爱国主义精神，自觉维护国家安全、荣誉和利益，不得有下列行为：

（一）侮辱国旗、国歌、国徽或者其他有损国旗、国歌、国徽尊严的行为；

（二）歪曲、丑化、亵渎、否定英雄烈士事迹和精神；

（三）宣扬、美化、否认侵略战争、侵略行为和屠杀惨案；

（四）侵占、破坏、污损爱国主义教育设施；

（五）法律、行政法规禁止的其他行为。

第三十八条　教育、文化和旅游、退役军人事务、新闻出版、广播电视、电影、网信、文物等部门应当按照法定职责，对违反本法第三十七条规定的行为及时予以制止，造成不良社会影响的，应当责令及时消除影响，并依照有关法律、行政法规的规定予以处罚。构成违反治安管理行为的，依法给予治安管理处罚；构成犯罪的，依法追究刑事责任。

第三十九条　负有爱国主义教育职责的部门、单位不依法履行爱国主义教育职责的，对负有责任的领导人员和直接责任人员，依法给予处分。

第五章　附　　则

第四十条　本法自 2024 年 1 月 1 日起施行。

二、宪法和其他法律中相关内容（节录）

中华人民共和国宪法（2018 修正）

第二十四条　国家通过普及理想教育、道德教育、文化教育、纪律和法制教育，通过在城乡不同范围的群众中制定和执行各种守则、公约，加强社会主义精神文明的建设。

国家倡导社会主义核心价值观，提倡爱祖国、爱人民、爱劳动、爱科学、爱社会主义的公德，在人民中进行爱国主义、集体主义和国际主义、共产主义的教育，进行辩证唯物主义和历史唯物主义的教育，反对资本主义的、封建主义的和其他的腐朽思想。

中华人民共和国国旗法（2020 修正）

第一条　为了维护国旗的尊严，规范国旗的使用，增强公民的国家观念，弘扬爱国主义精神，培育和践行社会主义核心价值观，根据宪法，制定本法。

第二十一条　国旗应当作为爱国主义教育的重要内容。

中小学应当教育学生了解国旗的历史和精神内涵、遵守国旗升挂使用规范和升旗仪式礼仪。

新闻媒体应当积极宣传国旗知识，引导公民和组织正确使用国旗及其图案。

中华人民共和国国歌法

第一条　为了维护国歌的尊严，规范国歌的奏唱、播放和使用，增强公民的国家观念，弘扬爱国主义精神，培育和践行社会主义核心价值观，根据宪法，制定本法。

第十一条 国歌纳入中小学教育。

中小学应当将国歌作为爱国主义教育的重要内容，组织学生学唱国歌，教育学生了解国歌的历史和精神内涵、遵守国歌奏唱礼仪。

中华人民共和国国徽法（2020 修正）

第一条 为了维护国徽的尊严，正确使用国徽，增强公民的国家观念，弘扬爱国主义精神，培育和践行社会主义核心价值观，根据宪法，制定本法。

第十五条 国徽应当作为爱国主义教育的重要内容。

中小学应当教育学生了解国徽的历史和精神内涵。

新闻媒体应当积极宣传国徽知识，引导公民和组织正确使用国徽及其图案。

中华人民共和国国防法（2020 修订）

第四十三条 国家通过开展国防教育，使全体公民增强国防观念、强化忧患意识、掌握国防知识、提高国防技能、发扬爱国主义精神，依法履行国防义务。

普及和加强国防教育是全社会的共同责任。

中华人民共和国国防教育法（2018 修正）

第一条 为了普及和加强国防教育，发扬爱国主义精神，促进国防建设和社会主义精神文明建设，根据国防法和教育法，制定本法。

中华人民共和国未成年人保护法（2020 修订）

第五条 国家、社会、学校和家庭应当对未成年人进行理想教育、道德教育、科学教育、文化教育、法治教育、国家安全教育、健康教育、劳动教育，加强爱国主义、集体主义和中国特色社会主义的教育，培养爱祖国、爱人民、爱劳动、爱科学、爱社会主义的公德，抵制资本主义、封建主义和其他腐朽思想的侵蚀，引导未成年人树立和践行社会主义核心价值观。

第四十四条　爱国主义教育基地、图书馆、青少年宫、儿童活动中心、儿童之家应当对未成年人免费开放；博物馆、纪念馆、科技馆、展览馆、美术馆、文化馆、社区公益性互联网上网服务场所以及影剧院、体育场馆、动物园、植物园、公园等场所，应当按照有关规定对未成年人免费或者优惠开放。

国家鼓励爱国主义教育基地、博物馆、科技馆、美术馆等公共场馆开设未成年人专场，为未成年人提供有针对性的服务。

国家鼓励国家机关、企业事业单位、部队等开发自身教育资源，设立未成年人开放日，为未成年人主题教育、社会实践、职业体验等提供支持。

国家鼓励科研机构和科技类社会组织对未成年人开展科学普及活动。

中华人民共和国民族区域自治法（2001 修正）

第五十三条　民族自治地方的自治机关提倡爱祖国、爱人民、爱劳动、爱科学、爱社会主义的公德，对本地方内各民族公民进行爱国主义、共产主义和民族政策的教育。教育各民族的干部和群众互相信任，互相学习，互相帮助，互相尊重语言文字、风俗习惯和宗教信仰，共同维护国家的统一和各民族的团结。

中华人民共和国英雄烈士保护法

第一条　为了加强对英雄烈士的保护，维护社会公共利益，传承和弘扬英雄烈士精神、爱国主义精神，培育和践行社会主义核心价值观，激发实现中华民族伟大复兴中国梦的强大精神力量，根据宪法，制定本法。

第十七条 教育行政部门应当以青少年学生为重点，将英雄烈士事迹和精神的宣传教育纳入国民教育体系。

教育行政部门、各级各类学校应当将英雄烈士事迹和精神纳入教育内容，组织开展纪念教育活动，加强对学生的爱国主义、集体主义、社会主义教育。

中华人民共和国文物保护法（2017 修正）

第一条 为了加强对文物的保护，继承中华民族优秀的历史文化遗产，促进科学研究工作，进行爱国主义和革命传统教育，建设社会主义精神文明和物质文明，根据宪法，制定本法。

中华人民共和国教育法（2021 修正）

第六条 教育应当坚持立德树人，对受教育者加强社会主义核心价值观教育，增强受教育者的社会责任感、创新精神和实践能力。

国家在受教育者中进行爱国主义、集体主义、中国特色社会主义的教育，进行理想、道德、纪律、法治、国防和民族团结的教育。

中华人民共和国高等教育法（2018 修正）

第五十三条 高等学校的学生应当遵守法律、法规，遵守学生行为规范和学校的各项管理制度，尊敬师长，刻苦学习，增强体质，树立爱国主义、集体主义和社会主义思想，努力学习马克思列宁主义、毛泽东思想、邓小平理论，具有良好的思想品德，掌握较高的科学文化知识和专业技能。

高等学校学生的合法权益，受法律保护。

中华人民共和国教师法（2009 修正）

第八条 教师应当履行下列义务：

（一）遵守宪法、法律和职业道德，为人师表；

（二）贯彻国家的教育方针，遵守规章制度，执行学校的教学计划，履行教师聘约，完成教育教学工作任务；

（三）对学生进行宪法所确定的基本原则的教育和爱国主义、民族团结的教育，法制教育以及思想品德、文化、科学技术教育，组织、带领学生开展有益的社会活动；

（四）关心、爱护全体学生，尊重学生人格，促进学生在品德、智力、体质等方面全面发展；

（五）制止有害于学生的行为或者其他侵犯学生合法权益的行为，批评和抵制有害于学生健康成长的现象；

（六）不断提高思想政治觉悟和教育教学业务水平。

中华人民共和国家庭教育促进法

第四十六条 图书馆、博物馆、文化馆、纪念馆、美术馆、科技馆、体育场馆、青少年宫、儿童活动中心等公共文化服务机构和爱国主义教育基地每年应当定期开展公益性家庭教育宣传、家庭教育指导服务和实践活动，开发家庭教育类公共文化服务产品。

广播、电视、报刊、互联网等新闻媒体应当宣传正确的家庭教育知识，传播科学的家庭教育理念和方法，营造重视家庭教育的良好社会氛围。

中华人民共和国国防动员法

第六十二条 各级人民政府应当运用各种宣传媒体和宣传手段，对公民进行爱国主义、革命英雄主义宣传教育，激发公民的爱国热情，鼓励公民踊跃参战支前，采取多种形式开展拥军优属和慰问活动，按照国家有关规定做好抚恤优待工作。

新闻出版、广播影视和网络传媒等单位，应当按照国防动员的要求做好宣传教育和相关工作。

中华人民共和国体育法（2022 修订）

第四十二条 国家加强对运动员的培养和管理，对运动员进行爱国主义、集体主义和社会主义教育，以及道德、纪律和法治教育。

运动员应当积极参加训练和竞赛，团结协作，勇于奉献，顽强拼搏，不断提高竞技水平。

中华人民共和国军人地位和权益保障法

第二十二条 军队加强爱国主义、集体主义、革命英雄主义教育，强化军人的荣誉意识，培育有灵魂、有本事、有血性、有品德的新时代革命军人，锻造具有铁一般信仰、铁一般信念、铁一般纪律、铁一般担当的过硬部队。

中华人民共和国档案法（2020 修订）

第三十四条 国家鼓励档案馆开发利用馆藏档案，通过开展专题展览、公益讲座、媒体宣传等活动，进行爱国主义、集体主义、中国特色社会主义教育，传承发展中华优秀传统文化，继承革命文化，发展社会主义先进文化，增强文化自信，弘扬社会主义核心价值观。

中华人民共和国黄河保护法

第九十五条 国家加强黄河流域具有革命纪念意义的文物和遗迹保护，建设革命传统教育、爱国主义教育基地，传承弘扬黄河红色文化。

中华人民共和国老年人权益保障法（2018 修正）

第六十九条 国家为老年人参与社会发展创造条件。根据社会需要和可能，鼓励老年人在自愿和量力的情况下，从事下列活动：

（一）对青少年和儿童进行社会主义、爱国主义、集体主义和艰苦奋斗等优良传统教育；

（二）传授文化和科技知识；

（三）提供咨询服务；

（四）依法参与科技开发和应用；

（五）依法从事经营和生产活动；

（六）参加志愿服务、兴办社会公益事业；

（七）参与维护社会治安、协助调解民间纠纷；

（八）参加其他社会活动。

中华人民共和国退役军人保障法

第六十一条 国家注重发挥退役军人在爱国主义教育和国防教育活动中的积极作用。机关、群团组织、企业事业单位和社会组织可以邀请退役军人协助开展爱国主义教育和国防教育。县级以上人民政府教育行政部门可以邀请退役军人参加学校国防教育培训，学校可以聘请退役军人参与学生军事训练。

第六十二条 县级以上人民政府退役军人工作主管部门应当加强对退役军人先进事迹的宣传，通过制作公益广告、创作主题文艺作品等方式，弘扬爱国主义精神、革命英雄主义精神和退役军人敬业奉献精神。

中华人民共和国测绘法（2017 修订）

第七条 各级人民政府和有关部门应当加强对国家版图意识的宣传教育，增强公民的国家版图意识。新闻媒体应当开展国家版图意识的宣传。教育行政部门、学校应当将国家版图意识教育纳入中小学教学内容，加强爱国主义教育。

三、其他相关文件

新时代爱国主义教育实施纲要

（中共中央、国务院 2019 年 10 月印发）

爱国主义是中华民族的民族心、民族魂，是中华民族最重要的精神财富，是中国人民和中华民族维护民族独立和民族尊严的强大精神动力。爱国主义精神深深植根于中华民族心中，维系着中华大地上各个民族的团结统一，激励着一代又一代中华儿女为祖国发展繁荣而自强不息、不懈奋斗。中国共产党是爱国主义精神最坚定的弘扬者和实践者，90 多年来，中国共产党团结带领全国各族人民进行的革命、建设、改革实践是爱国主义的伟大实践，写下了中华民族爱国主义精神的辉煌篇章。党的十八大以来，以习近平同志为核心的党中央高度重视爱国主义教育，固本培元、凝心铸魂，作出一系列重要部署，推动爱国主义教育取得显著成效。当前，中国特色社会主义进入新时代，中华民族伟大复兴正处于关键时期。新时代加强爱国主义教育，对于振奋民族精神、凝聚全民族力量，决胜全面建成小康社会，夺取新时代中国特色社会主义伟大胜利，实现中华民族伟大复兴的中国梦，具有重大而深远的意义。

一、总体要求

1. 指导思想。坚持以马克思列宁主义、毛泽东思想、邓小平理论、"三个代表"重要思想、科学发展观、习近平新时代中国特色社会主义思想为指导，增强"四个意识"，坚定"四个自信"，做到

"两个维护"，着眼培养担当民族复兴大任的时代新人，始终高扬爱国主义旗帜，着力培养爱国之情、砥砺强国之志、实践报国之行，使爱国主义成为全体中国人民的坚定信念、精神力量和自觉行动。

2. 坚持把实现中华民族伟大复兴的中国梦作为鲜明主题。伟大事业需要伟大精神，伟大精神铸就伟大梦想。要把国家富强、民族振兴、人民幸福作为不懈追求，着力扎紧全国各族人民团结奋斗的精神纽带，厚植家国情怀，培育精神家园，引导人们坚持中国道路、弘扬中国精神、凝聚中国力量，为实现中华民族伟大复兴的中国梦提供强大精神动力。

3. 坚持爱党爱国爱社会主义相统一。新中国是中国共产党领导的社会主义国家，祖国的命运与党的命运、社会主义的命运密不可分。当代中国，爱国主义的本质就是坚持爱国和爱党、爱社会主义高度统一。要区分层次、区别对象，引导人们深刻认识党的领导是中国特色社会主义最本质特征和最大制度优势，坚持党的领导、坚持走中国特色社会主义道路是实现国家富强的根本保障和必由之路，以坚定的信念、真挚的情感把新时代中国特色社会主义一以贯之进行下去。

4. 坚持以维护祖国统一和民族团结为着力点。国家统一和民族团结是中华民族根本利益所在。要始终不渝坚持民族团结是各族人民的生命线，巩固和发展平等团结互助和谐的社会主义民族关系，引导全国各族人民像爱护自己的眼睛一样珍惜民族团结，维护全国各族人民大团结的政治局面，巩固和发展最广泛的爱国统一战线，不断增强对伟大祖国、中华民族、中华文化、中国共产党、中国特色社会主义的认同，坚决维护国家主权、安全、发展利益，旗帜鲜明反对分裂国家图谋、破坏民族团结的言行，筑牢国家统一、民族团结、社会稳定的铜墙铁壁。

5. 坚持以立为本、重在建设。爱国主义是中华儿女最自然、最朴素的情感。要坚持从娃娃抓起，着眼固本培元、凝心铸魂，突出思想内涵，强化思想引领，做到润物无声，把基本要求和具体实际结合起来，把全面覆盖和突出重点结合起来，遵循规律、创新发展，注重落细落小落实、日常经常平常，强化教育引导、实践养成、制度保障，推动爱国主义教育融入贯穿国民教育和精神文明建设全过程。

6. 坚持立足中国又面向世界。一个国家、一个民族，只有开放兼容，才能富强兴盛。要把弘扬爱国主义精神与扩大对外开放结合起来，尊重各国历史特点、文化传统，尊重各国人民选择的发展道路，善于从不同文明中寻求智慧、汲取营养，促进人类和平与发展的崇高事业，共同推动人类文明发展进步。

二、基本内容

7. 坚持用习近平新时代中国特色社会主义思想武装全党、教育人民。习近平新时代中国特色社会主义思想是马克思主义中国化最新成果，是党和人民实践经验和集体智慧的结晶，是中国特色社会主义理论体系的重要组成部分，是全党全国人民为实现中华民族伟大复兴而奋斗的行动指南，必须长期坚持并不断发展。要深刻理解习近平新时代中国特色社会主义思想的核心要义、精神实质、丰富内涵、实践要求，不断增强干部群众的政治意识、大局意识、核心意识、看齐意识，坚决维护习近平总书记党中央的核心、全党的核心地位，坚决维护党中央权威和集中统一领导。要紧密结合人们生产生活实际，推动习近平新时代中国特色社会主义思想进企业、进农村、进机关、进校园、进社区、进军营、进网络，真正使党的创新理论落地生根、开花结果。要在知行合一、学以致用上下功夫，引导干部群众坚持以习近平新时代中国特色社会主义思想为指导，展现新气象、激发新作为，把学习教育成果转化为爱国报国的实际行动。

8. 深入开展中国特色社会主义和中国梦教育。中国特色社会主义集中体现着国家、民族、人民根本利益。要高举中国特色社会主义伟大旗帜，广泛开展理想信念教育，用党领导人民进行伟大社会革命的成果说话，用改革开放以来社会主义现代化建设的伟大成就说话，用新时代坚持和发展中国特色社会主义的生动实践说话，用中国特色社会主义制度的优势说话，在历史与现实、国际与国内的对比中，引导人们深刻认识中国共产党为什么"能"、马克思主义为什么"行"、中国特色社会主义为什么"好"，牢记红色政权是从哪里来的、新中国是怎么建立起来的，倍加珍惜我们党开创的中国特色社会主义，不断增强道路自信、理论自信、制度自信、文化自信。要深入开展中国梦教育，引导人们深刻认识中国梦是国家的梦、民族的梦，也是每个中国人的梦，深刻认识中华民族伟大复兴绝不是轻轻松松、敲锣打鼓就能实现的，要付出更为艰巨、更为艰苦的努力，争做新时代的奋斗者、追梦人。

9. 深入开展国情教育和形势政策教育。要深入开展国情教育，帮助人们了解我国发展新的历史方位、社会主要矛盾的变化，引导人们深刻认识到，我国仍处于并将长期处于社会主义初级阶段的基本国情没有变，我国是世界上最大发展中国家的国际地位没有变，始终准确把握基本国情，既不落后于时代，也不脱离实际、超越阶段。要深入开展形势政策教育，帮助人们树立正确的历史观、大局观、角色观，了解世界正经历百年未有之大变局，我国仍处于发展的重要战略机遇期，引导人们清醒认识国际国内形势发展变化，做好我们自己的事情。要发扬斗争精神，增强斗争本领，引导人们充分认识伟大斗争的长期性、复杂性、艰巨性，敢于直面风险挑战，以坚忍不拔的意志和无私无畏的勇气战胜前进道路上的一切艰难险阻，在进行伟大斗争中更好弘扬爱国主义精神。

10. 大力弘扬民族精神和时代精神。以爱国主义为核心的民族精神和以改革创新为核心的时代精神，是凝心聚力的兴国之魂、强国之魂。要聚焦培养担当民族复兴大任的时代新人，培育和践行社会主义核心价值观，广泛开展爱国主义、集体主义、社会主义教育，提高人们的思想觉悟、道德水准和文明素养。要唱响人民赞歌、展现人民风貌，大力弘扬中国人民在长期奋斗中形成的伟大创造精神、伟大奋斗精神、伟大团结精神、伟大梦想精神，生动展示人民群众在新时代的新实践、新业绩、新作为。

11. 广泛开展党史、国史、改革开放史教育。历史是最好的教科书，也是最好的清醒剂。要结合中华民族从站起来、富起来到强起来的伟大飞跃，引导人们深刻认识历史和人民选择中国共产党、选择马克思主义、选择社会主义道路、选择改革开放的历史必然性，深刻认识我们国家和民族从哪里来、到哪里去，坚决反对历史虚无主义。要继承革命传统，弘扬革命精神，传承红色基因，结合新的时代特点赋予新的内涵，使之转化为激励人民群众进行伟大斗争的强大动力。要加强改革开放教育，引导人们深刻认识改革开放是党和人民大踏步赶上时代的重要法宝，是坚持和发展中国特色社会主义的必由之路，是决定当代中国命运的关键一招，也是决定实现"两个一百年"奋斗目标、实现中华民族伟大复兴的关键一招，凝聚起将改革开放进行到底的强大力量。

12. 传承和弘扬中华优秀传统文化。对祖国悠久历史、深厚文化的理解和接受，是爱国主义情感培育和发展的重要条件。要引导人们了解中华民族的悠久历史和灿烂文化，从历史中汲取营养和智慧，自觉延续文化基因，增强民族自尊心、自信心和自豪感。要坚持古为今用、推陈出新，不忘本来、辩证取舍，深入实施中华优秀传统文化传承发展工程，推动中华文化创造性转化、创新性发展。要坚守正道、弘扬大道，反对文化虚无主义，引导人们树立和坚持正确的历史观、民族观、国家观、文化观，不断增强中华民族的归属感、认同感、尊严感、荣誉感。

13. 强化祖国统一和民族团结进步教育。实现祖国统一、维护民族团结，是中华民族的不懈追求。要加强祖国统一教育，深刻揭示维护国家主权和领土完整、实现祖国完全统一是大势所趋、大义所在、民心所向，增进广大同胞心灵契合、互信认同，与分裂祖国的言行开展坚决斗争，引导全体中华儿女为实现民族伟大复兴、推进祖国和平统一而共同奋斗。深化民族团结进步教育，铸牢中华民族共同体意识，加强各民族交往交流交融，引导各族群众牢固树立"三个离不开"思想，不断增强"五个认同"，使各民族同呼吸、共命运、心连心的光荣传统代代相传。

14. 加强国家安全教育和国防教育。国家安全是安邦定国的重要基石。要加强国家安全教育，深入学习宣传总体国家安全观，增强全党全国人民国家安全意识，自觉维护政治安全、国土安全、经济安全、社会安全、网络安全和外部安全。要加强国防教育，增强全民国防观念，使关心国防、热爱国防、建设国防、保卫国防成为全社会的思想共识和自觉行动。要深入开展增强忧患意识、防范化解重大风险的宣传教育，引导广大干部群众强化风险意识，科学辨识风险、有效应对风险，做到居安思危、防患未然。

三、新时代爱国主义教育要面向全体人民、聚焦青少年

15. 充分发挥课堂教学的主渠道作用。培养社会主义建设者和接班人，首先要培养学生的爱国情怀。要把青少年作为爱国主义教育的重中之重，将爱国主义精神贯穿于学校教育全过程，推动爱国主义教育进课堂、进教材、进头脑。在普通中小学、中职学校，将爱国主义教育内容融入语文、道德与法治、历史等学科教材编写和教育教学中，在普通高校将爱国主义教育与哲学社会科学相关专业课程有机结合，加大爱国主义教育内容的比重。创新爱国主义教育的形式，丰富和优化课程资源，支持和鼓励多种形式开发微课、微视频等教育资源和在线课程，开发体现爱国主义教育要求的音乐、美术、书法、舞蹈、戏剧作品等，进一步增强吸引力感染力。

16. 办好学校思想政治理论课。思想政治理论课是爱国主义教育的主阵地。要紧紧抓住青少年阶段的"拔节孕穗期"，理直气壮开好思想政治理论课，引导学生把爱国情、强国志、报国行自觉融入坚持和发展中国特色社会主义事业、建设社会主义现代化强国、实现中华民族伟大复兴的奋斗之中。按照政治强、情怀深、思维新、视野广、自律严、人格正的要求，加强思想政治理论课教师队伍建设，让有信仰的人讲信仰，让有爱国情怀的人讲爱国。推动思想政治理论课改革创新，发挥学生主体作用，采取互动式、启发式、交流式教学，增强思想性理论性和亲和力针对性，在教育灌输和潜移默化中，引导学生树立国家意识、增进爱国情感。

17. 组织推出爱国主义精品出版物。针对不同年龄、不同成长阶段，坚持精品标准，加大创作力度，推出反映爱国主义内容的高质量儿童读物、教辅读物，让广大青少年自觉接受爱国主义熏陶。积极推荐爱国主义主题出版物，大力开展爱国主义教育读书活动。结合青少年兴趣点和接受习惯，大力开发并积极推介体现中华文化精髓、富有爱国主义气息的网络文学、动漫、有声读物、网络游戏、手机游戏、短视频等。

18. 广泛组织开展实践活动。大中小学的党组织、共青团、少先队、学生会、学生社团等，要把爱国主义内容融入党日团日、主题班会、班队会以及各类主题教育活动之中。广泛开展文明校园创建，强化校训校歌校史的爱国主义教育功能，组织开展丰富多彩的校园文化活动。组织大中小学生参观纪念馆、展览馆、博物馆、烈士纪念设施，参加军事训练、冬令营夏令营、文化科技卫生"三下乡"、学雷锋志愿服务、创新创业、公益活动等，更好地了解国情民情，强化责任担当。密切与城市社区、农村、企业、部队、社会机构等的联系，丰富拓展爱国主义教育校外实践领域。

19. 在广大知识分子中弘扬爱国奋斗精神。我国知识分子历来有浓厚的家国情怀和强烈的社会责任感。深入开展"弘扬爱国奋斗精神、建功立业新时代"活动，弘扬"两弹一星"精神、载人航天精神等，大力组织优秀知识分子学习宣传，引导新时代知识分子把自己的理想同祖国的前途、把自己的人生同民族的命运紧密联系在一起，立足本职、拼搏奋斗、创新创造，在新时代作出应有的贡献。广泛动员和组织知识分子深入改革开放前沿、经济发展一线和革命老区、民族地区、边疆地区、贫困地区，开展调研考察和咨询服务，深入了解国情，坚定爱国追求。

20. 激发社会各界人士的爱国热情。社会各界的代表性人士具有较强示范效应。要坚持信任尊重团结引导，增进和凝聚政治共识，夯实共同思想政治基础，不断扩大团结面，充分调动社会各界人士的爱国热情和社会担当。通过开展职业精神职业道德教育、建立健全相关制度规范、发挥行业和舆论监督作用等，引导社会各界人士增强道德自律、履行社会责任。坚持我国宗教的中国化方向，加强宗教界人士和信教群众的爱国主义教育，引导他们热爱祖国、拥护社会主义制度、拥护中国共产党的领导，遵守国家法律法规和方针政策。加强"一国两制"实践教育，引导人们包括香港特别行政区同胞、澳门特别行政区同胞、台湾同胞和海外侨胞增强对国家的认同，自觉维护国家统一和民族团结。

四、丰富新时代爱国主义教育的实践载体

21. 建好用好爱国主义教育基地和国防教育基地。各级各类爱国主义教育基地，是激发爱国热情、凝聚人民力量、培育民族精神的重要场所。要加强内容建设，改进展陈方式，着力打造主题突出、导向鲜明、内涵丰富的精品陈列，强化爱国主义教育和红色教育功能，为社会各界群众参观学习提供更好服务。健全全国爱国主义教育示范基地动态管理机制，进一步完善落实免费开放政策和保障机制，根据实际情况，对爱国主义教育基地免费开放财政补助进行重新核定。依托军地资源，优化结构布局，提升质量水平，建设一批国防特色鲜明、功能设施配套、作用发挥明显的国防教育基地。

22. 注重运用仪式礼仪。认真贯彻执行国旗法、国徽法、国歌法，学习宣传基本知识和国旗升挂、国徽使用、国歌奏唱礼仪。在全社会广泛开展"同升国旗、同唱国歌"活动，让人们充分表达爱国情感。各级广播电台、电视台每天定时在主频率、主频道播放国歌。国庆期间，各级党政机关、人民团体、大型企事业单位、全国城乡社区和爱国主义教育基地等，要组织升国旗仪式并悬挂国旗。鼓励居民家庭在家门前适当位置悬挂国旗。认真组织宪法宣誓仪式、入党入团入队仪式等，通过公开宣誓、重温誓词等形式，强化国家意识和集体观念。

23. 组织重大纪念活动。充分挖掘重大纪念日、重大历史事件蕴含的爱国主义教育资源，组织开展系列庆祝或纪念活动和群众性主题教育。抓住国庆节这一重要时间节点，广泛开展"我和我的祖国"系列主题活动，通过主题宣讲、大合唱、共和国故事汇、快闪、灯光秀、游园活动等形式，引导人们歌唱祖国、致敬祖国、祝福祖国，使国庆黄金周成为爱国活动周。充分运用"七一"党的生日、"八一"建军节等时间节点，广泛深入组织各种纪念活动，唱响共产党好、人民军队好的主旋律。在中国人民抗日战争胜利纪念日、烈士纪念日、南京大屠杀死难者国家公祭日期间，精心组织公祭、瞻仰纪念碑、祭扫烈士墓等，引导人们牢记历史、不忘过去，缅怀先烈、面向未来，激发爱国热情、凝聚奋进力量。

24. 发挥传统和现代节日的涵育功能。大力实施中国传统节日振兴工程，深化"我们的节日"主题活动，利用春节、元宵、清明、端午、七夕、中秋、重阳等重要传统节日，开展丰富多彩、积极健康、富有价值内涵的民俗文化活动，引导人们感悟中华文化、增进家国情怀。结合元旦、"三八"国际妇女节、"五一"国际劳动节、"五四"青年节、"六一"国际儿童节和中国农民丰收节等，开展各具特色的庆祝活动，激发人们的爱国主义和集体主义精神。

25. 依托自然人文景观和重大工程开展教育。寓爱国主义教育于游览观光之中，通过宣传展示、体验感受等多种方式，引导人们领略壮美河山，投身美丽中国建设。系统梳理传统文化资源，加强考古发掘和整理研究，保护好文物古迹、传统村落、民族村寨、传统建筑、农业遗迹、灌溉工程遗产、工业遗迹，推动遗产资源合理利用，健全非物质文化遗产保护制度，推进国家文化公园建设。推动文化和旅游融合发展，提升旅游质量水平和文化内涵，深入挖掘旅游资源中蕴含的爱国主义内容，防止过度商业行为和破坏性开发。推动红色旅游内涵式发展，完善全国红色旅游经典景区体系，凸显教育功能，加强对讲解员、导游等从业人员的管理培训，加强对解说词、旅游项目等的规范，坚持正确的历史观和历史标准。依托国家重大建设工程、科学工程等，建设一批展现新时代风采的主题教育基地。

五、营造新时代爱国主义教育的浓厚氛围

26. 用好报刊广播影视等大众传媒。各级各类媒体要聚焦爱国主义主题，创新方法手段，适应分众化、差异化传播趋势，使爱国主义宣传报道接地气、有生气、聚人气，有情感、有深度、有温度。把爱国主义主题融入贯穿媒体融合发展，打通网上网下、版面页面，推出系列专题专栏、新闻报道、言论评论以及融媒体产品，加强县级融媒体中心建设，生动讲好爱国故事、大力传播主流价值观。制作刊播爱国主义优秀公益广告作品，在街头户外张贴悬挂展示标语口号、宣传挂图，生动形象做好宣传。坚持正确舆论导向，对虚无历史、消解主流价值的错误思想言论，及时进行批驳和辨析引导。

27. 发挥先进典型的引领作用。大力宣传为中华民族和中国人民作出贡献的英雄，宣传革命、建设、改革时期涌现出的英雄烈士和

模范人物，宣传时代楷模、道德模范、最美人物和身边好人，宣传具有爱国情怀的地方先贤、知名人物，以榜样的力量激励人、鼓舞人。广泛开展向先进典型学习活动，引导人们把敬仰和感动转化为干事创业、精忠报国的实际行动。做好先进模范人物的关心帮扶工作，落实相关待遇和礼遇，在全社会大力营造崇尚英雄、学习英雄、捍卫英雄、关爱英雄的浓厚氛围。

28. 创作生产优秀文艺作品。把爱国主义作为常写常新的主题，加大现实题材创作力度，为时代画像、为时代立传、为时代明德，不断推出讴歌党、讴歌祖国、讴歌人民、讴歌劳动、讴歌英雄的精品力作。深入实施中国当代文学艺术创作工程、重大历史题材创作工程等，加大对爱国主义题材文学创作、影视创作、词曲创作等的支持力度，加强对经典爱国歌曲、爱国影片的深入挖掘和创新传播，唱响爱国主义正气歌。文艺创作和评论评奖要具有鲜明爱国主义导向，倡导讲品位、讲格调、讲责任，抵制低俗、庸俗、媚俗，坚决反对亵渎祖先、亵渎经典、亵渎英雄，始终保持社会主义文艺的爱国底色。

29. 唱响互联网爱国主义主旋律。加强爱国主义网络内容建设，广泛开展网上主题教育活动，制作推介体现爱国主义内容、适合网络传播的音频、短视频、网络文章、纪录片、微电影等，让爱国主义充盈网络空间。实施爱国主义数字建设工程，推动爱国主义教育基地、红色旅游与网络传播有机结合。创新传播载体手段，积极运用微博微信、社交媒体、视频网站、手机客户端等传播平台，运用虚拟现实、增强现实、混合现实等新技术新产品，生动活泼开展网上爱国主义教育。充分发挥"学习强国"学习平台在爱国主义宣传教育中的作用。加强网上舆论引导，依法依规进行综合治理，引导网民自觉抵制损害国家荣誉、否定中华优秀传统文化的错误言行，汇聚网上正能量。

30. 涵养积极进取开放包容理性平和的国民心态。加强宣传教育，引导人们正确把握中国与世界的发展大势，正确认识中国与世界的关系，既不妄自尊大也不妄自菲薄，做到自尊自信、理性平和。爱国主义是世界各国人民共有的情感，实现世界和平与发展是各国人民共同的愿望。一方面要弘扬爱国主义精神，另一方面要培养海纳百川、开放包容的胸襟，大力宣传坚持和平发展合作共赢、构建人类命运共同体、共建"一带一路"等重要理念和倡议，激励广大人民同各国人民一道共同创造美好未来。对每一个中国人来说，爱国是本分，也是职责，是心之所系、情之所归。倡导知行合一，推动爱国之情转化为实际行动，使人们理性表达爱国情感，反对极端行为。

31. 强化制度和法治保障。把爱国主义精神融入相关法律法规和政策制度，体现到市民公约、村规民约、学生守则、行业规范、团体章程等的制定完善中，发挥指引、约束和规范作用。在全社会深入学习宣传宪法、英雄烈士保护法、文物保护法等，广泛开展法治文化活动，使普法过程成为爱国主义教育过程。严格执法司法、推进依法治理，综合运用行政、法律等手段，对不尊重国歌国旗国徽等国家象征与标志，对侵害英雄烈士姓名、肖像、名誉、荣誉等行为，对破坏污损爱国主义教育场所设施，对宣扬、美化侵略战争和侵略行为等，依法依规进行严肃处理。依法严惩暴力恐怖、民族分裂等危害国家安全和社会稳定的犯罪行为。

六、加强对新时代爱国主义教育的组织领导

32. 各级党委和政府要承担起主体责任。各级党委和政府要负起政治责任和领导责任，把爱国主义教育摆上重要日程，纳入意识形态工作责任制，加强阵地建设和管理，抓好各项任务落实。进一步健全党委统一领导、党政齐抓共管、宣传部门统筹协调、有关部门各负其责的工作格局，建立爱国主义教育联席会议制度，加强工作指导和沟通协调，及时研究解决工作中的重要事项和存在问题。广大党员干部要以身作则，牢记初心使命，勇于担当作为，发挥模范带头作用，做爱国主义的坚定弘扬者和实践者，同违背爱国主义的言行作坚决斗争。

33. 调动广大人民群众的积极性主动性。爱国主义教育是全民教育，必须突出教育的群众性。各级工会、共青团、妇联和文联、作协、科协、侨联、残联以及关工委等人民团体和群众组织，要发挥各自优势，面向所联系的领域和群体广泛开展爱国主义教育。组织动员老干部、老战士、老专家、老教师、老模范等到广大群众特别是青少年中讲述亲身经历，弘扬爱国传统。坚持热在基层、热在群众，结合人们生产生活，把爱国主义教育融入到新时代文明实践中心建设、学雷锋志愿服务、精神文明创建之中，体现到百姓宣讲、广场舞、文艺演出、邻居节等群众性活动之中，引导人们自我宣传、自我教育、自我提高。

34. 求真务实注重实效。爱国主义教育是思想的洗礼、精神的熏陶。要坚持目标导向、问题导向、效果导向，坚持虚功实做、久久为功，在深化、转化上下功夫，在具象化、细微处下功夫，更好地体现时代性、把握规律性、富于创造性。坚持从实际出发，务实节俭开展教育、组织活动，杜绝铺张浪费，不给基层和群众增加负担，坚决反对形式主义、官僚主义。

各地区各部门要根据本纲要制定贯彻落实的具体措施，确保爱国主义教育各项任务要求落到实处。

中国人民解放军和中国人民武装警察部队按照本纲要总的要求，结合部队实际制定具体规划、作出安排部署。

全国人民代表大会常务委员会
关于设立烈士纪念日的决定

（2014 年 8 月 31 日第十二届全国人民代表大会常务委员会第十次会议通过）

近代以来，为了争取民族独立和人民自由幸福，为了国家繁荣富强，无数的英雄献出了生命，烈士的功勋彪炳史册，烈士的精神永垂不朽。为了弘扬烈士精神，缅怀烈士功绩，培养公民的爱国主义、集体主义精神和社会主义道德风尚，培育和践行社会主义核心价值观，增强中华民族的凝聚力，激发实现中华民族伟大复兴中国梦的强大精神力量，第十二届全国人民代表大会常务委员会第十次会议决定：

将 9 月 30 日设立为烈士纪念日。每年 9 月 30 日国家举行纪念烈士活动。

全国人民代表大会常务委员会关于
确定中国人民抗日战争胜利纪念日的决定

（2014 年 2 月 27 日第十二届全国人民代表大会常务委员会第七次会议通过）

中国人民抗日战争，是中国人民抵抗日本帝国主义侵略的正义战争，是世界反法西斯战争的重要组成部分，是近代以来中国反抗外敌入侵第一次取得完全胜利的民族解放战争。中国人民抗日战争的胜利，成为中华民族走向振兴的重大转折点，为实现民族独立和人民解放奠定了重要基础。中国人民为世界各国人民夺取反法西斯战争的胜利、争取世界和平的伟大事业作出了巨大贡献和民族牺牲。中华人民共和国成立后，中央人民政府政务院、国务院先后将 1945 年 9 月 2 日日本政府签署投降书的次日即 9 月 3 日设定为"九三抗战胜利纪念日"。为了牢记历史，铭记中国人民反抗日本帝国主义侵略的艰苦卓绝的斗争，缅怀在中国人民抗日战争中英勇献身的英烈和所有为中国人民抗日战争胜利作出贡献的人们，彰显中国人民抗日战争在世界反法西斯战争中的重要地位，表明中国人民坚决维护国家主权、领土完整和世界和平的坚定立场，弘扬以爱国主义为核心的伟大民族精神，激励全国各族人民为实现中华民族伟大复兴的中国梦而共同奋斗，第十二届全国人民代表大会常务委员会第七次会议决定：

将 9 月 3 日确定为中国人民抗日战争胜利纪念日。每年 9 月 3 日国家举行纪念活动。

退役军人事务部、教育部、共青团中央、全国少工委关于用好烈士褒扬红色资源加强青少年爱国主义教育的意见

(退役军人部发〔2022〕50号)

各省、自治区、直辖市退役军人事务厅（局）、教育厅（教委）、团委、少工委，新疆生产建设兵团退役军人事务局、教育局、团委、少工委：

为贯彻习近平总书记关于烈士褒扬工作重要指示精神，落实中共中央办公厅、国务院办公厅、中央军委办公厅《关于加强新时代烈士褒扬工作的意见》精神，推进党史学习教育常态化长效化，引导广大青少年自觉缅怀、纪念、尊崇、学习英雄烈士，厚植爱党、爱国、爱社会主义的情感，让红色血脉、革命薪火代代相传，现就用好烈士褒扬红色资源，加强青少年爱国主义教育提出如下意见。

一、工作目标

以习近平新时代中国特色社会主义思想为指导，深入贯彻习近平总书记关于烈士褒扬工作重要指示精神，通过英烈事迹和精神，加强青少年革命传统和红色文化教育，使红色基因渗进血脉、浸入心扉，引导广大青少年树立正确世界观、人生观、价值观，始终坚定中国特色社会主义理想信念，努力成为合格的社会主义接班人。

二、积极发挥烈士纪念设施红色教育阵地作用

积极把烈士纪念设施建设成大学生思政课教学基地、少先队实践教育营地（基地），条件具备的开辟队室等少先队活动阵地。定期组织青少年参观瞻仰烈士纪念设施，提倡入队、入团、成人仪式在

烈士纪念设施举行。依托烈士纪念设施开展"少年军校"、"少年警校"、"向身边的英烈献束花"、"清明祭英烈"及开学教育、团队日等活动，推出"清明网络祭扫"活动，推动共青团、少先队活动与祭扫纪念活动深度融合。建立烈士纪念设施与周边大中小学共建机制，支持聘任烈士纪念设施保护单位、管理单位党员干部和烈属为少先队校外辅导员，大力吸收大中学生中共青团员以及少先队员担任志愿红色宣讲员、文明引导员，参与烈士纪念设施保护、讲解宣传和秩序维护等工作。支持高校与烈士纪念设施保护单位联合开展实践育人，组织研发烈士纪念场所中的思政课，将大学生参加英烈讲解等志愿服务计入实践总学分（学时）。

三、助力英烈精神研究和宣传

充分发挥高等院校、研究机构专业优势，调动广大青少年积极性，开展英烈精神、事迹研究，提升讲解水平。推动"红领巾讲解员"实践体验活动在国家级、省级烈士纪念设施"全覆盖"，倡导少先队员就近在烈士纪念设施开展参观寻访、志愿讲解等活动。依托高等院校、研究机构，发动党史、军史等专业学者和青少年研究者从事英烈精神志愿研究，帮助做好英烈遗物、家书、史料等收集保护，编纂完善烈士英名录，参与健在英雄模范、老同志口述历史等抢救性工程，深入挖掘英烈事迹，丰富英烈精神内涵。充实讲解力量，支持共青团员、少先队员和青年志愿者在烈士纪念设施开展志愿英烈讲解活动，充分发挥青少年朝气蓬勃的特点，鼓励其创新讲解方式，依托新媒体等平台扩大英烈精神传播力、影响力。

四、深化英烈精神教育实践进学校、进社区

在少先队活动课中将英烈事迹和精神作为加强少先队员爱国主义、集体主义、社会主义教育的重要内容，结合各地乡土教育、地方史教育，引导青少年关注、研究、学习"身边的英烈"。推动致敬英烈实践进社区，将英烈精神教育实践作为校外共青团、少先队工作的重要抓手，将关爱慰问帮扶烈属作为少先队活动和青年志愿者服务的重要内容，鼓励青少年开展诵读烈士家书、讲述红色经典故事、致敬身边烈属等活动，经常性到烈属家庭提供志愿服务，支持烈属任所在社区少先队辅导员。积极推动在"少年军校"、"全国青少年教育基地"等品牌实践活动中，将纪念英烈仪式列为"少年军校"检阅式、大比武等较大规模活动的必须环节，在相关主题夏令营、假日营、周末营、社区军事游戏、训练竞赛等实践活动中，用好烈士纪念设施、烈士故居、军史馆等阵地，发挥好烈属、英雄连队宣讲英烈精神的激励作用。校内外少先队组织可结合实际，以英雄烈士命名少先队大、中、小队。

五、加强对在校烈士子女的关心关爱

建立常态化组织烈士子女参加夏（冬）令营、参访军营和爱国主义教育基地等教育、培养机制，退役军人事务部门会同教育部门、团委、少工委按年度制定工作计划，采取定期红色游学和经常性祭扫缅怀活动相结合的方式，保证每位烈士子女每年参加一次夏（冬）令营。大中小学校要将关心关爱在校烈士子女作为一项重要任务来抓，准确掌握本校在校烈士子女学业发展、职业规划和家庭经济等情况，关注了解在校烈士子女思想和心理状况，落实好烈士子女教育优待政策，及时帮助解决在校烈士子女学习、生活上遇到的困难。大中小学校班主任、辅导员要加强与在校烈士子女的联系交流，随时掌握其思想动态和成长情况。学校要主动对接在校烈士子女，为其发放助学金或生活补助。鼓励社会资金捐助设立面向在校烈士子女的专项奖学金，高等院校在评定国家奖学金和其他社会捐助奖学金时，同等条件下优先考虑在校烈士子女。学校团委、少工委要积极搭建社会活动平台，鼓励在校烈士子女积极参与志愿服务、社会实践等活动。高等院校就业指导机构要加大对在校烈士子女就业指导和帮扶，坚持一人一策、专项推动，帮助在校烈士子女制定职业发展规划，推荐其就业。

六、强化组织协调

各级退役军人事务部门、教育部门、团委、少工委要切实提高政治站位，建立健全工作协调制度，共同研究推进用好烈士褒扬红色资源，加强青少年爱国主义教育工作。退役军人事务部门要加强烈士纪念设施管理维护，提升宣教功能，主动与教育部门、团委、少工委积极对接，为广大青少年开展纪念缅怀活动、接受爱国主义教育提供坚实保障。教育部门、团委、少工委要将烈士褒扬工作与高校思政教育、团员队员爱国主义教育充分融合，一体谋划。相关部门要加强宣传工作协调联动，选取在韩志愿军烈士遗骸迎回安葬、烈士纪念日公祭活动等重大缅怀纪念活动和重大纪念主题，联合开发宣传产品，组织开展专项主题校园活动、团队活动，依托新媒体矩阵加强宣传传播，扩大影响力，营造缅怀学习英烈、传承弘扬红色文化的浓厚氛围。

国家发展改革委办公厅关于
落实爱国主义教育基地对未成年人
实行门票减免政策的通知

（发改办价格〔2004〕986号）

各省、自治区、直辖市发展改革委、物价局：

为落实《中共中央、国务院关于进一步加强和改进未成年人思想道德建设的若干意见》（中发〔2004〕8号，以下简称《意见》）有关规定，充分发挥爱国主义教育基地对未成年人的教育作用，现将有关事项通知如下：

一、**明确政策措施**。各地政府价格主管部门要积极会同有关部门，采取有效政策措施，严格按照《意见》的要求，切实落实各类博物馆、纪念馆、展览馆、烈士陵园等爱国主义教育基地对中小学生集体参观一律实行免票，对学生个人参观可实行半票的政策规定。同时对其他未成年人参观爱国主义教育基地也要明确具体的门票政策，并及时向社会公布。

二、**加强监督检查**。各地政府价格主管部门要在近期组织开展爱国主义教育基地门票减免政策落实情况的检查，对违反规定的，要依法予以查处，并对检查中发现的典型案例予以曝光。

三、**做好政策宣传工作**。各地政府价格主管部门要将爱国主义教育基地门票减免政策及时通过媒体进行深入的宣传，发挥舆论监督作用，切实把党中央、国务院关于爱国主义教育基地对未成年人实行门票减免的政策落实到位。

请各省、自治区、直辖市价格主管部门于2004年8月15日前将贯彻落实《意见》及本通知的情况，报国家发展改革委（价格司）。

国家教委、民政部、文化部、国家文物局、团中央、总政治部关于命名和向全国中小学推荐百个爱国主义教育基地的通知

（教基〔1996〕20 号）

为深入贯彻落实《中共中央关于进一步加强和改进学校德育工作的若干意见》和《爱国主义教育实施纲要》，结合实际，把以青少年为重点的爱国主义教育落在实处，继向全国中小学生推荐百部爱国主义优秀影视片、百首爱国主义歌曲和百种爱国主义教育图书之后，国家教委、民政部、文化部、国家文物局、共青团中央、解放军总政治部决定命名和向全国中小学推荐百个爱国主义教育基地。这是对中小学生深入进行爱国主义教育和进一步加强社会主义精神文明建设的又一重要举措。此次命名和推荐的基地以爱国主义教育为主要内容，涉及历史文物古迹、革命传统教育和社会主义现代化建设成就等。基地内容丰富，在全国或当地享有很高知名度，是中小学生参观和开展纪念、瞻仰活动的较好场所。

为了充分发挥爱国主义教育基地的育人功能，认真做好宣传、组织工作，现将有关事项通知如下：

一、爱国主义教育是提高全民族整体素质和加强社会主义精神文明建设的基础性工程，运用基地向中小学生进行爱国主义教育，是行之有效的好方法，是一项长期的、经常性的工作。各地有关部门要从加强社会主义精神文明建设、培养社会主义一代新人的高度，提高对做好这项工作重要意义的认识；要在各地党、政部门的领导和支持下，从当地实际出发，制订计划，研究措施，充分发挥这些

基地的教育功能，促进学校德育工作和爱国主义教育活动深入开展。

二、各地教育行政部门和中小学校要把组织中小学生参观百个"全国中小学爱国主义教育基地"及地方各级各类的爱国主义教育基地作为中小学德育工作的重要内容，列入学校德育工作计划。要把参观爱国主义教育基地的活动与学校教育教学活动有机结合，配合重大节日、纪念日和学校共青团、少先队等各项主题教育活动，通过组织参观、瞻仰、祭扫以及阅读有关书籍、资料和观看有关录像等形式，使学生受到生动、形象的爱国主义教育。

有条件的地方，学校和基地可开展共建活动，组织学生参加基地力所能及的公益劳动，为基地的建设做贡献。

三、各地文化、民政、文物等基地管理部门，要积极争取当地党、政部门的领导，从人力、物力和财力等方面给予大力支持，要加强对百个"全国中小学爱国主义教育基地"的规划与建设，对所辖基地加强管理，帮助基地会同教育部门并与各中小学校建立联系，把爱国主义教育工作落在实处。同时，要以当地被命名的"全国中小学爱国主义教育基地"为龙头，搞好各地、市、县一级的爱国主义教育基地的评审、命名工作，带动更多的基地为中小学爱国主义教育服务。

四、被命名为各级各类爱国主义教育基地的博物馆、纪念馆、烈士陵园和各种纪念设施等对中小学生有组织的参观要优先安排，并为他们开展活动提供必要的人员、场地、资料等方面的支持和帮助。

各基地要不断加强自身建设，注重社会效益。要充分利用现有条件并挖掘潜力，通过多种宣传形式，拓展宣传的范围，加强对农村、边远贫困地区中小学生的宣传与教育。

实行收费参观的单位，在节、假日，特别是双休日，对中小学有组织的参观必须要有优惠措施，对中小学师生实行免费开放。

五、国家教委、民政部、文化部、国家文物局、共青团中央、解放军总政治部等有关部门将适时对百个"全国中小学爱国主义教育基地"及各地利用基地组织教育活动的情况进行督导，以保障基地更好的为中小学生爱国主义教育服务。同时要加强基地间的联系，组织他们交流面向中小学生开展爱国主义教育活动和基地建设、管理的经验，探讨新时期发挥基地育人功能的理论与实践，把以青少年为重点的爱国主义教育推向深入。

六、各基地要加强对本单位各项安全设施的检查，尤其在防火、防盗、安全用地及疏散通道等方面的措施要健全，有专人负责、明确职责。

各地教育行政部门和中小学校在利用当地或附近基地开展教育活动时，要对学生进行安全教育，采取措施，尤其在交通安全和饮食卫生等方面，切实做好各项安全、保卫工作。

附件：百个"全国中小学爱国主义教育基地"名单

百个"全国中小学爱国主义教育基地"名单

天安门广场（天安门城楼、广场国旗杆、人民英雄纪念碑）

毛主席纪念堂

中国革命博物馆

中国人民革命军事博物馆

李大钊烈士陵园

中国人民抗日战争纪念馆

焦庄户地道战遗址纪念馆

周恩来同志青年时代在津革命活动纪念馆

华北军区烈士陵园

董存瑞烈士陵园

西柏坡纪念馆

八路军太行纪念馆

刘胡兰纪念馆

沈阳"九·一八"事变博物馆

沈阳市抗美援朝纪念馆

锦州辽沈战役纪念馆

抚顺雷锋纪念馆

杨靖宇烈士陵园

东北烈士纪念馆

中国共产党第一次全国代表大会会址纪念馆

上海市龙华烈士陵园

中华人民共和国名誉主席宋庆龄陵园

侵华日军南京大屠杀遇难同胞纪念馆

中国共产党代表团梅园新村纪念馆

新四军纪念馆

南京雨花台烈士陵园

淮海战役烈士纪念塔

淮安周恩来故居和纪念馆

中山陵

绍兴鲁迅纪念馆

新四军军部旧址纪念馆和皖南事变烈士陵园

陶行知纪念馆

林则徐纪念馆

陈嘉庚纪念胜地

南昌八一起义纪念馆

安源路矿工人运动纪念馆

井冈山革命博物馆

瑞金中央革命根据地纪念馆

上饶集中营革命烈士陵园

中国甲午战争博物馆

台儿庄大战纪念馆

华东革命烈士陵园

郑州二七纪念馆

焦裕禄烈士陵园

红安县鄂豫皖苏区烈士陵园和革命博物馆

韶山毛泽东同志纪念馆

刘少奇同志纪念馆

鸦片战争博物馆

三元里人民抗英斗争纪念馆

孙中山故居纪念馆

广州起义烈士陵园

钦州市民族英雄刘永福、冯子材故居

红军长征突破湘江烈士纪念碑园

中国工农红军第七军军部旧址

琼崖红军云龙改编纪念馆

朱德同志故居纪念馆

中国工农红军强渡大渡河革命纪念地

重庆歌乐山烈士陵园

重庆红岩革命纪念馆

黄继光纪念馆

遵义会议会址纪念馆

江孜宗山抗英遗址

拉萨烈士陵园

延安革命纪念馆

八路军西安办事处纪念馆

西宁市烈士陵园

宁夏同心县陕甘宁豫海县回民自治政府遗址

乌鲁木齐市烈士陵园

中国历史博物馆

圆明园遗址公园

成吉思汗陵

内蒙古自治区博物馆

吴文化博览苑

大禹陵

杭州岳飞墓

郑成功纪念馆

文天祥纪念馆

景德镇陶瓷历史博物馆

李时珍纪念馆

屈子祠

蔡伦纪念馆

都江堰

大理白族自治州博物馆

嘉峪关关城

敦煌莫高窟

新疆维吾尔自治区博物馆

中国航空博物馆

中国科学技术博物馆

中国农业博物馆

天津科学技术馆

唐山抗震纪念馆

中国第一汽车制造厂厂史展室

大庆铁人王进喜同志纪念馆（含地宫）

海军上海博览馆

红旗渠

葛洲坝水利枢纽

攀枝花市"金色的攀枝花"展览馆

羊八井地热电站

引大入秦工程

中共教育部党组关于教育系统深入
开展爱国主义教育的实施意见

（教党〔2016〕4号）

各省、自治区、直辖市党委教育工作部门、教育厅（教委），各计划单列市教育局，新疆生产建设兵团教育局，有关部门（单位）教育司（局），部属各高等学校：

党的十八大以来，党中央高度重视弘扬爱国主义精神、加强爱国主义教育，习近平总书记多次就弘扬爱国主义精神发表重要讲话。2015年12月30日，习近平总书记在中央政治局第二十九次集体学习时指出，爱国主义是中华民族精神的核心，实现中华民族伟大复兴的中国梦，是当代中国爱国主义的鲜明主题。我们要大力弘扬伟大爱国主义精神，大力弘扬以改革创新为核心的时代精神，为实现中华民族伟大复兴的中国梦提供共同精神支柱和强大精神动力。习近平总书记强调，弘扬爱国主义精神，要从青少年做起，这方面工作是管长久的、管根本的。在各级各类学校中深入开展爱国主义教育，是落实立德树人根本任务、深化教育领域综合改革的重要内容，是培养社会主义建设者和接班人的内在要求。为深入贯彻落实习近平总书记系列重要讲话精神，现就教育系统深入开展爱国主义教育，提出如下意见。

一、把爱国主义教育作为弘扬爱国主义精神的永恒主题，贯穿国民教育全过程

1. 深入学习领会习近平总书记关于弘扬爱国主义精神的重要讲话精神。在各级各类学校深入开展学习贯彻活动，以座谈会、论坛讲座、主题班会、党团组织生活等形式，深入学习领会总书记重要讲话的精神实质和丰富内涵，把握当前弘扬爱国主义精神的根本要求，增强对爱国主义宣传教育的理论自信和行动自觉。把学习贯彻习近平总书记关于弘扬爱国主义精神的重要讲话精神作为高校学生工作专题研讨培训和全国高校辅导员骨干培训的必修内容。及时反映各地各校贯彻落实的举措成效，大力宣传弘扬爱国主义精神的优秀师生典型，宣传他们立足岗位、爱岗敬业、报效国家的朴实情怀和感人事迹，引导人们关心国家的前途和命运，把对祖国的热爱之情转化为实际行动，努力做好本职工作。

2. 推动爱国主义教育和社会主义核心价值观教育紧密结合。进一步推动各地落实《关于在各级各类学校中推动培育和践行社会主义核心价值观长效机制建设的意见》和《关于培育和践行社会主义核心价值观　进一步加强中小学德育工作的意见》，结合开展中国大学生年度人物评选，选树践行社会主义核心价值观优秀个人和集体，建设"培育践行社会主义核心价值观示范校"等活动，开展深入、持久、生动的爱国主义宣传教育，让爱国主义精神在广大青少年学生心中牢牢扎根，培养爱国之情、砥砺强国之志、实践报国之行。

3. 把爱国主义教育有机融入教育教学各环节。把党的教育方针细化为学生发展核心素养，把爱国主义精神有机融入到大中小学德育、语文、历史、地理、体育、艺术等各学科课程标准、教材编写、考试评价之中，纳入教育教学实践环节。完善相关本科专业类教学质量国家标准，把爱国主义教育与专业教育紧密结合，全方位、多渠道融入人才培养体系。在全国高校学生中，深入开展"我爱我的祖国"、"永远跟党走"等主题社会实践活动。推动各地将爱国主义教育相关内容纳入体育教学计划，探索建立学生军事营地育人长效机制。整理推广民族传统体育。深化爱国主义教育研究和爱国主义精神阐释，不断丰富教育内容、创新教育载体、增强教育效果。

4. 创新爱国主义教育方式和途径。有效拓展课堂内外、网上网下、平台载体的爱国主义教育引导，创造浓郁的校园文化氛围，使学生处处受到爱国主义精神的感染。加强国旗、国徽、国歌的教育，庄重升旗仪式，让每个学生学会唱国歌，在学校适当场所悬挂国旗和中华人民共和国地图，张贴、设立著名的爱国主义历史人物、杰出科学家、文学艺术家的画像或雕塑。积极引导各地各校利用我国改革发展的伟大成就、重大历史事件纪念活动、爱国主义教育基地、中华民族传统节庆、国家公祭仪式等来增强青少年学生的爱国主义情怀和意识。开展高雅艺术进校园、全国大中小学生艺术展演活动，运用电影、电视、歌曲、戏剧、小说、诵读等多种艺术形式，着力运用微博、微信等网络新媒体，充分利用文化馆、纪念馆、博物馆、旅游景点、部队营地等资源和举办运动会、体育比赛等活动，开展爱国主义教育，生动传播爱国主义精神。

二、坚持爱国主义与社会主义相统一，加强中国特色社会主义和中国梦的教育宣传

5. 加强爱国主义精神的理论研究与宣传阐释。深入研究和宣传阐释习近平总书记系列重要讲话精神，加大对中国特色社会主义道路、理论体系、制度研究阐释和宣传教育力度。组织研究力量，深入总结中国改革开放和现代化建设的成功经验，推进重大现实问题、重大理论问题、重大实践经验总结的重大课题研究。组织高校马克思主义学院、中国特色社会主义理论体系研究基地、"中国共产党革命精神与文化资源研究中心"和党史、历史等相关高校研究机构和项目团队，运用马克思主义唯物史观，结合以爱国主义为核心的民族精神和以改革创新为核心的时代精神，结合当代中国国情和爱国主义最新实践，重点从理论上讲清楚爱国与爱党、爱社会主义的本质一致性，讲清楚爱国主义是社会主义核心价值观中最深层、最根本、最永恒的内容，讲清楚爱国主义与集体主义的内在联系，讲清楚爱国主义与对外开放的关系，讲清楚否定党史、国史、革命史和改革开放史以及诋毁英雄人物的危害性。

6. 扎实推进中国特色社会主义理论和中国梦进教材进课堂进头脑。加快推进马克思主义理论研究和建设工程重点教材编写、出版和使用，组织开展重点教材相应课程任课教师示范培训，推动完善中央、地方、高校三级培训体系。加强马克思主义理论学科建设，制定实施马克思主义理论学科发展规划，完善学科评价体系。落实《普通高校思想政治理论课建设体系创新计划》，整体推进教材、教师、教学等方面综合改革创新，逐步构建重点突出、载体丰富、协同创新的思想政治理论课建设体系。建好建强高校中国特色社会主义理论体系研究中心、马克思主义学院。深入贯彻落实《关于全面深化课程改革 落实立德树人根本任务的意见》，组织编写、修订义务教育品德、语文、历史教材，充实爱国主义教育的内容。推动各地各校落实《中小学生守则（2015 年修订）》，用守则引领和规范学生思想品德和言行举止。会同有关部门，进一步健全开展青少年博物馆教育实践活动的长效机制。联合有关单位制作《开学第一课》节目，强化爱国主义教育内容。深入贯彻落实《关于在各级各类学校深入开展"我的中国梦"主题教育活动的通知》，通过开展征文大赛、主题演讲、主题摄影及微电影创作大赛、网络文化和书信文化活动，引导广大学生树立为实现中华民族伟大复兴的中国梦而努力奋斗的信念。

三、维护祖国统一和民族团结，增强青少年学生的国家认同

7. 加强对青少年学生的民族团结教育。把维护祖国统一和民族团结作为重要着力点和落脚点，不断增强青少年学生对伟大祖国、中华民族、中华文化、中国共产党、中国特色社会主义的认同。推动各地建立学校民族团结教育常态化机制，推进民族团结教育进学校、进课堂、进头脑，在中小学开设民族团结教育专题课程，在高等学校、职业院校开设党的民族理论与政策课程，在各级各类学校开展主题教育宣传活动。加强教材和师资建设，将国家指导编写的中小学民族团结教育教材纳入农村义务教育阶段免费教科书范围。积极开展民族地区与其他地区学校手拉手心连心"结对子"活动，促进各民族学生交往交流交融。进一步完善并适时印发《少数民族双语教育指导意见》。启动《民族中小学汉语课程标准（普通高中）》修订工作。加强民文教材的编译管理。推动少数民族学科双语教学资源建设，加强对中国少数民族汉语水平等级考试（MHK）的指导和监督，启动建立双语教育督导评估和质量检测机制。在以少数民族语言为主要社会语言环境的地区，科学稳妥推行双语教育。

8. 做好教育系统统一战线工作。全面落实《中国共产党统一战线工作条例（试行）》，坚持党的领导，高举爱国主义、社会主义旗帜，巩固共同政治思想基础，坚持大团结大联合的主题，坚持正确处理一致性和多样性关系的方针，加强党外知识分子思想政治引导，注重培养锻炼和推荐使用党外优秀代表人士，最大限度地把党外知识分子团结在党的周围，激励他们自觉为实现中华民族伟大复兴的中国梦凝聚人心、汇聚力量。深入贯彻全国高校统战工作会议精神，培养高校党外知识分子爱国精神和报国情怀。

9. 加大对香港、澳门和台湾青少年学生的爱国主义教育力度。举办港澳青少年内地参访等国民教育系列活动，实施港澳与内地高校师生交流计划（"万人计划"），加强港澳与内地中小学"姊妹学校"平台建设。举办对台教育交流项目，邀请台湾师生来大陆参加活动，加强两岸教育学术和语言文字领域的合作与交流。推进对港澳台免试招生。支持和服务港澳同胞学习使用国家通用语言文字，开展港澳普通话水平测试。编写出版并推广应用两岸合编的中华语文工具书、科技名词工具书、汉字简繁文本智能转化系统，完善两岸中华语文知识库网站建设，举办两岸大学生汉字书法艺术交流夏令营和汉字文化创意大会。

四、尊重和传承中华民族历史和文化，加强中华优秀传统文化教育

10. 深入挖掘和阐发中华优秀传统文化的时代价值。努力从中华民族世世代代形成和积累的优秀传统文化中汲取营养和智慧，延续文化基因，萃取思想精华，展现精神魅力。以时代精神激活中华优秀传统文化的生命力，推进中华优秀传统文化创造性转化和创新性发展。重点建设一批中国传统文化协同创新中心和重点研究基地等研究机构，加强传统文化师资队伍和人才库建设，资助一批对传承中华文化、弘扬民族精神有重大影响的文化工程项目，一批在学术发展史上具有重要意义的文献资料发掘整理项目。

11. 完善中华优秀传统文化教育。深入落实《完善中华优秀传统文化教育指导纲要》，把中华优秀传统文化教育系统融入课程和教材体系，进一步加强有关学科教材传统文化内容，体现到教材编写和课程开发等环节，引导青少年学生树立和坚持正确的历史观、民族观、国家观、文化观，不断增强中华民族的归属感、认同感、尊严感、荣誉感。开展中华经典资源库建设，制定中华诗词新韵规范，开发完善经典诵读、书写、讲解专门课程，支持中华经典诵读教材的研发。开展中华经典诵写讲行动，组织好中国汉字听写大会、中国成语大会、中国诗词大会、书法名家进校园、全国中小学书法教师培训等活动，开展"礼敬中华优秀传统文化"、"少年传承中华美德"系列教育活动。开展职业院校民族文化传承与创新示范专业点建设，建立完善非物质文化遗产传承人"双向进入"机制，鼓励民间艺人、技艺大师、非物质文化遗产传承人参与教育教学。启动实施中国非物质文化遗产传承人群研修研习培训计划。开展中华优秀传统文化艺术传承学校与基地建设，在全国中小学校和高校开展中华优秀传统文化艺术传承活动。推动建设中小学中华优秀传统文化教育研究基地。大力推广和规范使用国家通用语言文字，建设信息化条件下的语言文字规范标准体系，主导中国语言文字国际标准的制定。完善关于加强高校校园文化建设的意见和办法，开展校园文化建设巡礼，征集推广校园文化建设优秀成果，建立优秀文化作品资源库。

五、坚持立足民族又面向世界，增强人类命运共同体意识

12. 提升教育对外开放质量和水平。落实《关于做好新时期教育对外开放工作的若干意见》，统筹国内国际两个大局，增强教育服务党和国家中心工作能力。组织实施共建"一带一路"教育行动，积极倡议沿线各国共同行动，构建"一带一路"教育共同体。切实办好孔子学院，积极开展汉语教学和文化交流活动，加大中华文化和当代中国在各类汉语教材的内容比重，加大"汉语桥"来华夏令营、"汉语桥"世界中文比赛、"孔子学院日"、"孔子新汉学计划"等品牌项目实施力度，充分发挥孔子学院提升国家软实力的重要作用。推动中华文化和中国语言"走出去"，向世界讲好中国故事、传播好中国声音，增进世界对于中华文化的理解和认同。

13. 建立健全中外人文交流机制。用好高级别中外人文交流机制高端平台资源，充分发挥教育国际合作交流在中外人文交流中的基础性、广泛性和持久性作用。进一步完善政府间教育高层磋商、教育领域专业人士务实合作、学生友好往来的机制建设，支持各级地方政府结合本地特色，统筹做好教育国际交流合作工作，推进友城友校教育深度合作，加强与重点国家的语言文字交流和合作，夯实爱国主义教育和教育国际合作交流相互支持、共同发展的良好基础。

14. 加强"中国梦"海外宣传。聚集广大海外留学人员爱国能量，确立以人为媒介、以心口相传为手段的海外宣传模式，形成人人发挥辐射作用、个个争做民间大使、句句易于入脑入心的宣传效应。构建"祖国－使领馆－留学团体－广大留学人员"的海内外立体联系网络，使广大留学人员充分感受祖国关爱、主动宣传祖国发展。挖掘在国际教育领域有影响力的专家学者、外籍教师、来华留学人员、非政府组织及国际智库的积极作用。

中宣部、中央文明办、国家发展改革委、教育部、民政部、财政部、文化部、全国总工会、共青团中央、全国妇联关于加强和改进爱国主义教育基地工作的意见

（中宣发〔2004〕22 号）

为认真落实党中央领导同志关于加强爱国主义教育基地建设工作的一系列重要指示，深入贯彻中共中央、国务院《关于进一步加强和改进未成年人思想道德建设的若干意见》、《关于进一步加强和改进大学生思想政治教育的意见》，充分发挥各类爱国主义教育基地对广大人民群众特别是青少年的教育作用，现就加强和改进爱国主义教育基地工作的有关问题，提出如下意见：

一、充分认识加强和改进爱国主义教育基地工作的重要性

1. 爱国主义历来是动员和鼓舞中国人民团结奋斗的一面旗帜，是推动社会历史前进的巨大力量，是全国各族人民共同的精神支柱。高度重视爱国主义教育，是我们党的优良传统。党的十六大以来，以胡锦涛同志为总书记的党中央，反复强调加强爱国主义教育、弘扬和培育伟大民族精神的重要意义，要求充分利用各种宝贵的教育资源开展爱国主义教育。我国各类爱国主义教育基地，真实记录了中华民族悠久的历史文化，展现了近代中国人民英勇奋斗的壮丽篇章，反映了中国共产党人的丰功伟业和社会主义现代化建设的丰硕成果，具有广泛的代表性和影响力，是激发人们爱国情感、弘扬民族精神的重要阵地，陶冶道德情操、提升品德修养的重要场所，了解祖国灿烂文明、掌握历史知识的重要课堂。要从巩固党的执政地

位，全面建设小康社会，实现中华民族伟大复兴的战略高度，充分认识各类爱国主义教育基地在开展爱国主义教育、弘扬和培育民族精神方面的特殊重要作用，进一步增强新形势下做好爱国主义教育基地工作的紧迫感、责任感和使命感。

2. 为推动爱国主义教育工作，中宣部于 1997 年和 2001 年先后公布了两批 200 个全国爱国主义教育示范基地，有关部门和地方也陆续命名了一批教育基地。几年来，在各级党委、政府的关心和社会各界的支持下，教育基地在建设、管理和使用方面取得了可喜成绩：展出内容不断充实，展示手段有所创新，环境面貌逐步改善，教育功能得到增强，社会影响日益扩大，创造和积累了不少好的经验，涌现出一大批先进典型，初步形成了以全国示范基地为骨干，各级各类教育基地相辅相成、共同发展的良好局面。同时也要看到，与形势发展的要求相比，教育基地在工作中还存在许多不适应的地方：有的教育基地展示内容陈旧单调，展示手段落后，缺乏吸引力、感染力；不少教育基地投入不足，日常维护和改扩建资金短缺，影响了工作的正常开展；还有的教育基地创新意识不够，服务观念不强，内部管理不善，职工队伍不稳。这些问题，必须引起足够重视，切实加以解决。

3. 加强和改进爱国主义教育基地工作，是一项长期而紧迫的任务。要坚持以邓小平理论和"三个代表"重要思想为指导，深入贯彻党的十六大精神，按照爱国主义教育实施纲要、公民道德建设实施纲要以及关于进一步加强和改进未成年人思想道德建设的若干意见的要求，紧密结合全面建设小康社会的实际，牢固树立科学的发展观，紧紧抓住教育基地建设、管理和使用三个关键环节，贴近实际、贴近生活、贴近群众，努力提高工作水平，更好地为爱国主义教育、弘扬和培育民族精神服务，为青少年思想道德建设服务，为实现全面建设小康社会的奋斗目标服务。

二、加强和改进爱国主义教育基地工作的基本要求

4. 征集保护文物，丰富教育内容。文物史料是教育基地存在、发展和开展教育的基本条件。要认真贯彻《文物保护法》，坚持保护为主、抢救第一、合理利用、加强管理，认真做好重要文物史料特别是革命历史文物的征集、保护和利用工作。通过走访革命前辈、烈士遗属、专家学者、民间收藏人士，积极抢救、征集文物史料。要深入了解教育基地的历史沿革，做好文物史料的研究整理工作，挖掘精神内涵，紧密联系实际，从不同侧面、不同角度进行诠释和展示，给人们以知识的普及、心灵的震撼、精神的激励和思想的启迪。

5. 改进展示方式，增强教育效果。基本陈列是开展教育的主要手段，既要尊重历史，体现自身特点，又要讲究艺术，有所创新。要在大纲撰写、形式设计、实物制作、展品布置等环节上加强研究，积极借鉴国内外著名历史文化场馆、纪念设施的布展经验和展出方式，通过实物、照片、图表、模型、绘画、雕塑、景观等多种形式以及声、光、电等科技手段，不断改进和提高基本陈列水平，增强教育的吸引力、感染力。

6. 精心组织活动，扩大社会影响。从实际出发组织活动，是扩大教育基地影响的重要途径。要充分利用重大历史事件、历史人物纪念日和节假日，以及青少年入学、入队、入团、成人宣誓等有特殊意义的日子，举行各种庆祝、纪念活动和必要的仪式，组织开展研讨会、演讲会、报告会和文艺演出等形式多样的群众性文化教育活动。要在办好馆内基本陈列的基础上，积极采取"请进来"、"走出去"的办法，定期组织巡展，加强与其它教育基地的交流与协作，扩大教育覆盖面。

7. 加强内部管理，创造良好环境。建立健全规章制度，是教育基地顺利开展工作的保证。要通过制定和完善管理办法、工作考核细则、人员交流培训规划等，建立科学运行机制，提高工作人员尤

其是讲解员的素质。要注意美化教育基地内部和周边环境，对影响教育作用发挥的建设项目，以及文物保护单位保护范围和建设控制地带内的违章建筑，进行清理整顿，保持历史风貌。要区划教育功能区和观众服务区，规范经营活动，营造干净整洁、庄重有序的参观氛围，把教育基地建成传播精神文明的"窗口"。

8. 树立服务意识，注重社会效益。正确处理社会效益和经济效益的关系，把社会效益放在首位，是爱国主义教育基地工作的重要原则。要牢固树立服务意识，对参观群众在接待咨询、参观引导、提供资料以及安排讲解等方面实行规范化服务。要制定完善门票优惠办法，对大学生集体参观实行免票，对中小学生集体参观实行免票、学生个人参观实行半票，对现役军人、老年人和残疾人等参观给予优惠。有条件的教育基地，要在重大历史事件、历史人物纪念日和重要节庆日，特别是与教育基地展出主题直接相关的纪念日，免费向社会开放。针对一些教育基地免费开放后参观人数大量增加的情况，要制定详细周密的接待计划，通过完善设施、提前预约、分期分批和增加志愿服务人员等方式，调节参观人流，做好安全保卫、场馆管理和文物保护工作。

三、为加强和改进爱国主义教育基地工作创造良好条件

9. 各地各部门要高度重视各类爱国主义教育基地的建设、管理和使用，把它作为一项基础性工作摆上应有位置。要根据教育基地的特点，把教育基地建设纳入当地经济社会发展和城乡建设总体规划，统一考虑和安排。各主管部门要切实负起领导责任，在教育基地班子配备、人员编制、队伍培训和职工待遇等方面给予更多的关注和支持。要把教育基地建设、管理和使用的情况，作为考核有关领导干部，衡量文明城市、文明村镇、文明单位创建成果的一项重要内容。

10. 按照公益性文化事业发展的要求，加大对教育基地的投入。

各级政府要按照中央要求，对教育基地建设和运行所需资金予以支持，保障各项工作正常运转。各级财政部门要根据实际情况对教育基地因减免门票造成的收入下降给予必要补偿。继续落实现行税收优惠政策，取消各种不合理收费。中宣部准备会同有关部门从 2004 年开始，组织实施全国爱国主义教育示范基地"533 工程"，即利用五年时间，通过中央资助一点、地方财政支持一点、教育基地自筹一点的办法，重点对反映我们党革命斗争历史的示范基地进行资助，使其在展出内容与展示手段、服务质量与教育效果、内部管理与环境面貌三个方面取得显著改善（实施细则另行制定）。对全国爱国主义教育示范基地的重大改扩建项目，要充分论证，从严把关，按照基本建设程序报批，中央和地方有关部门视情况给予一次性支持。各类教育基地主管部门要参照这一做法，本着"谁主管谁负责"的原则，制定具体资助计划，争取在五年内使各类教育基地的面貌都有所改善。

11. 运用大众传媒和其它方式，加大宣传介绍教育基地的力度。报纸、广播、电视和互联网等媒体要把宣传介绍教育基地作为一项经常性工作，及时报道教育基地开展教育活动的情况和效果，反映社会各界的建议和呼声。人民网、新华网、光明网、央视国际等国家重点网站，要在 2004 年四季度前，将介绍教育基地情况的文字资料和影视片等充实到道德网页上，形成网上宣传教育平台。要组织文艺出版工作者创作出版一批以教育基地史实为题材的优秀作品。

12. 动员社会各方面力量，关心和支持教育基地的工作。组织部门、党校和行政学院要把教育基地作为干部培训的重要场所，对广大党员特别是领导干部进行革命传统、革命精神的教育。教育行政部门要结合教学安排，组织各级各类学校学生到教育基地参观学习。旅游部门要以革命纪念设施类教育基地为依托，精心设计旅游线路，组织开展"红色旅游"。文物、民政、工商、园林、城管等部门要加强协作，为教育基地创造良好的环境秩序。共青团和工会、妇联等群团组织要根据各自特点，利用教育基地开展活动。要鼓励社会力量开展公益性捐赠，吸纳社会资金参与教育基地共建，实现教育资源共享。单位、组织和个人符合条件的捐赠，可按照国家税收法律法规和有关政策规定享受税收优惠。各级党委宣传部要加强协调指导，会同有关部门定期研究解决教育基地存在的问题，及时总结推广好经验好做法。

各地各部门要根据本意见，抓紧制定具体措施和办法。中宣部将会同有关部门在适当时候对各地各部门贯彻落实的情况进行督查。

四、相关典型案例

最高人民检察院发布八起
"检爱同行　共护未来"未成年人保护
法律监督专项行动典型案例之五：北京市
检察机关督促爱国主义教育基地对
未成年人免费开放公益诉讼案①

——让未成年人普惠政策落实落地

（2022 年 5 月 25 日）

基本案情

北京市检察机关在履行职责中发现，部分爱国主义教育基地未落实未成年人保护法关于爱国主义教育基地应当对未成年人免费开放的规定，存在对未成年人收费问题，损害了众多未成年人合法权益。

履职情况

（一）统一部署，明确管辖。北京市检察院发现部分爱国主义教育基地对未成年人收费线索后，在全市三级检察机关开展了专项监

---

① 参见《"检爱同行　共护未来"未成年人保护法律监督专项行动典型案例》，载最高人民检察院网，https：//www.spp.gov.cn/xwfbh/wsfbh/202205/t20220525_557819.shtml，访问时间 2023 年 10 月 31 日。

督活动。市检察院负责整体谋划和部署，根据爱国主义教育基地定价分为市、区两级的情况，确定市级定价的爱国主义教育基地由分院立案管辖，区级定价的爱国主义教育基地由相应的区院立案管辖。分院、区检察院负责调查、收集固定证据；市检察分院、区检察院分别与相应行政部门召开座谈会进行磋商，制发诉前检察建议。三级检察机关充分发挥检察一体化机制优势，形成工作合力，提升工作质效。

（二）全面梳理相关法律及规范性文件，明确法律适用和行政公益诉讼监督对象。通过梳理、研究相关法律法规及规范性文件，明确爱国主义教育基地应当对未成年人免费开放是《未成年人保护法》社会保护的重要内容。检察机关根据相关法律规定、行政机关管理权限等，确定负责政府定价的爱国主义教育基地主管部门及价格违法违规处罚部门。通过查询行政机关"三定"方案、权力清单、责任清单等，厘清定价部门与爱国主义教育基地主管部门之间的职责划分，明确对各层级爱国主义教育基地负有监管职责的行政机关，确定行政公益诉讼监督对象分别为发改委和市场监管局。

（三）全面开展调查核实，确认未成年人公共利益损害事实。北京市三级检察机关对80余家区级爱国主义教育基地、209家市级及以上爱国主义教育基地逐一排查，发现其中40余家存在对未成年人违法收费情形，损害了未成年人公共利益。检察机关依法调查收集证据，确保证据效力，为提起行政公益诉讼做好准备。

（四）积极开展磋商，制发诉前检察建议，督促依法履职。经初步调查和评估，全市各级检察院共立案23件，与相关行政机关开展诉前磋商27次，制发诉前检察建议5份。北京市检察机关的工作得到市、区相关行政单位的有力支持，检察机关与行政机关达成共识，共同推动未成年人保护法规定的落实。行政机关采取整改措施依法履职后，检察机关又进行了跟踪回访，发现部分线上售票渠道未对购票价格进行相应修改，经与相关票务管理部门联系，线上售票平台迅速整改到位，保证了免费开放规定的全面落实。目前包括故宫、八达岭长城等在内的 40 余家爱国主义教育基地全部实现对未成年人免费开放。

典型意义

未成年人保护法规定，国家、社会、学校和家庭应当对未成年人加强爱国主义教育，爱国主义教育基地应当对未成年人免费开放。爱国主义教育基地是激发未成年人爱国情感、弘扬民族精神的重要阵地。检察机关积极履行未成年人保护行政公益诉讼职能，助推行政主管部门和爱国主义教育基地依法履职尽责、落实法律规定，对未成年人免费开放，为广大未成年人提供更加贴心、便捷、普惠的服务，受到社会公众广泛好评，实现了司法保护融入社会保护携手为民办实事。

最高人民检察院发布九起全国检察机关依法惩治危害国防利益、侵犯军人军属合法权益犯罪典型案例①

（2023 年 7 月 28 日）

案例一　冯某某买卖武装部队证件案

基本案情

被告人冯某某，男，某公司法定代表人。

---

① 参见《全国检察机关依法惩治危害国防利益、侵犯军人军属合法权益犯罪典型案例》，载最高人民检察院网，https：//www.spp.gov.cn/xwfbh/wsfbt/202307/t20230728_623148.shtml#2，访问时间 2023 年 10 月 31 日。

2019 年至 2021 年间，冯某某因其公司不履行民事案件生效法律文书确定的义务而先后被上海市虹口区人民法院、江苏省苏州工业园区人民法院等法院下达限制消费令，禁止其乘坐公共交通工具时选择飞机、列车软卧、轮船二等以上舱位。2020 年 10 月，冯某某通过他人购买一张伪造的中国人民解放军军官证（以下简称"军官证"）和一张伪造的中国人民解放军军人保障卡（以下简称"军人保障卡"），先后在重庆江北国际机场等地乘坐民航班机 25 次。另查明，冯某某还通过他人为刘某某购买伪造的军官证一张，为费某某购买伪造的军官证和军人保障卡各一张。

2023 年 3 月 1 日，检察机关以买卖武装部队证件罪对冯某某提起公诉。2023 年 3 月 16 日，法院以冯某某犯买卖武装部队证件罪，判处有期徒刑一年五个月。冯某某不服，提出上诉。同年 6 月 26 日，二审法院裁定驳回上诉，维持原判。

履职情况

（一）立案监督

2022 年 8 月，在侦查监督与协作配合办公室例行工作会上，公安机关通报了被人民法院下达限制消费令的人员使用伪造军官证乘坐飞机的案件线索，并就证据收集、法律适用问题与派驻检察官会商研讨。检察机关认为冯某某可能涉嫌刑事犯罪，于 2022 年 8 月 24 日启动立案监督程序。同年 8 月 27 日，公安机关采纳检察机关意见，对冯某某以涉嫌使用虚假身份证件罪立案侦查。

（二）提前介入

提前介入、引导侦查取证过程中，检察机关通过查阅证据材料、参与案情研讨，协同公安机关强化军地协作，引导公安机关全面收集证据，并对法律适用问题进行解释反馈。公安机关提出"军人保障卡是否属于武装部队证件"，检察机关根据《军人保障卡管理规定》，认为军人保障卡是能够存储军队人员个人基本信息和后勤业务信息，实现供应保障、身份确认等功能的专用智能卡，能够在社会生活中作为证明军人身份的证件使用，如持卡购买火车票等，应当与军官证作同类解释，认定为武装部队证件。因冯某某购买武装部队证件已达 2 本，检察机关建议公安机关将侦查方向由使用虚假身份证件罪转换为买卖武装部队证件罪。此后，公安机关通过调取冯某某的微信聊天记录及交易明细，发现冯某某不仅自购军官证、军人保障卡，还为其他被限制消费人员购买上述证件，案件侦查取得重大突破。

（三）审查起诉

因本案涉及被人民法院限制高消费的人员，该类人员身份特殊，与人民法院的执行工作密切相关，检察机关在审查起诉阶段同步开展"一案多查"。一是审查冯某某是否涉及拒不执行判决、裁定罪。根据《最高人民法院关于审理拒不执行判决、裁定刑事案件适用法律若干问题的解释》第二条第一项的规定，具有拒绝报告或者虚假报告财产情况、违反人民法院限制高消费及有关消费令等拒不执行行为，经采取罚款或者拘留等强制措施后拒不执行的，应当认定为"其他有能力执行而拒不执行，情节严重的情形"。为此，检察机关在审查起诉阶段专门围绕冯某某是否因搭乘飞机等违法限制高消费行为被相关人民法院罚款或者拘留进行了排查，确保准确适用法律。二是审查冯某某是否存在司法处罚线索。虽然最终没有发现冯某某存在拒不执行判决、裁定的情形，但检察机关经审查发现关于冯某某的司法处罚线索并依法移送人民法院，协同人民法院维护正常执行秩序。三是深挖犯罪。继续引导公安机关摸排上游造假团伙以及涉案人员是否使用伪造的武装部队证件实施其他违法犯罪行为，并将涉嫌犯罪的线索移送有管辖权的公安机关，持续做好线索查处跟进工作，强化打击力度。

（四）社会治理

通过办理该案，检察机关加强内部联动和外部协同，强化社会治理。一是强化线索发现。围绕公安机关后续即将移送起诉的相关案件，与民事检察部门横向一体联动，开展司法处罚线索集中筛查，向人民法院集中移送 9 条司法处罚线索。二是强化打击治罪。综合考虑被限制消费人员的身份、前科情况、搭乘飞机次数、购买伪造武装部队证件数量、认罪悔罪态度等情节，加强刑事追诉与行政处罚的衔接，以治安处罚、使用虚假身份证件罪、买卖武装部队证件罪分类处置，并围绕此类案件建立"一案一议一策""类案共商共治"的案件咨询会商机制，确保检警共同维护国防利益、保障军人合法权益取得实效。三是强化协同治理。针对相关信息未有效互通而产生的问题，联合公安机关对机场进行工作提示，建议提高伪造武装部队证件的识别能力并强化军地协作，发挥共治效能。

典型意义

一是依法严厉惩治买卖武装部队证件犯罪。军人使用军官证、军人保障卡证明身份，既是军人的一项基本权利，也是部队高效处理事务的需要。使用虚假武装部队证件，侵犯了军人合法权益和军队证件管理秩序，影响国防安全，检察机关办理此类案件，要在证据收集、法律适用等方面加强军地协作，准确认定案件事实，有效维护军人合法权益和国防利益。

二是充分发挥侦查监督与协作配合办公室作用，强化同向监督与协作配合。侦查监督与协作配合办公室的设立，为检察机关刑事案件办理提供了更宽广的信息渠道和更前沿的线索触角。检察机关要善用侦协办工作机制，对侦协办发现的线索仔细摸排，认真研判，将立、撤案监督等线索及时移交相关部门。同时，跟踪监督，及时和公安机关就案件办理疑难问题进行沟通，共同推动案件高质效办理。

三是积极延伸检察职能，推动诉源治理。办理涉军犯罪案件，检察机关要注重做好社会治理的"后半篇文章"，准确研判办案中发现的各类问题，并分类处置：对于行业主管部门的管理漏洞，要积极制发检察建议；对于非因管理漏洞而产生的问题，应当坚持审慎原则，通过工作提示等方式提出对策建议，确保诉源治理取得实效。

案例二　董某买卖武装部队证件、非法使用武装部队专用标志案

基本案情

被告人董某，男，个体人员。

被告人董某因承揽园林建设工程，经常来往于全国各地。为通行方便，2020 年 5 月，董某从网上购买伪造的武装部队证件 9 本（军官证 3 本、中国人民解放军车辆驾驶证 2 张、中国人民解放军行车执照 4 张）、武装部队车辆号牌 1 副、身份证 1 张，并将伪造的部队专用车辆号牌悬挂于其私家车上，发生多次道路交通违章。2021 年 9 月案发。

2022 年 1 月 19 日，检察机关以买卖武装部队证件罪、非法使用武装部队专用标志罪、买卖身份证件罪对董某提起公诉。同年 8 月 5 日，法院以董某犯买卖武装部队证件罪、非法使用武装部队专用标志罪、买卖身份证件罪，数罪并罚，决定执行有期徒刑二年，罚金一万五千元。检察机关认为量刑畸轻提出抗诉。2023 年 1 月 17 日，二审法院采纳检察机关的抗诉意见，撤销原判，以董某犯买卖武装部队证件罪、非法使用武装部队专用标志罪、买卖身份证件罪，数罪并罚，决定执行有期徒刑四年六个月，罚金一万五千元。

履职情况

（一）提前介入

本案案情较为复杂，检察机关指派经验丰富的检察官团队介入侦查，提出具体取证方向，引导公安机关进一步核实董某所涉武装部队证件上盖章、照片、钢印等证件显示的具体内容及证件数量，董某购买证件的时间、付款时间、方式、金额，董某悬挂军车号牌的起止时间及累计时间等，夯实证据基础，完善证据体系，为案件顺利办理奠定坚实基础。2021 年 11 月 5 日，经检察机关批准，董某被公安机关执行逮捕。

（二）审查起诉

因本案涉及的证件、号牌等数量较多，直接关系到案件定性与量刑，审查起诉阶段，检察机关主动开展自行补充侦查，补充固定了董某悬挂军车号牌出入小区并且以该车牌号缴纳车位费的证据，依法认定董某非法使用武装部队专用标志情节特别严重。同时，积极开展认罪教育工作，加强释法说理。董某自愿认罪认罚，在值班律师见证下签署认罪认罚具结书。

（三）审判监督

一审法院未采纳检察机关起诉意见，未认定董某犯罪情节特别严重，以董某犯买卖武装部队证件罪、非法使用武装部队专用标志罪、买卖身份证件罪，数罪并罚，决定执行有期徒刑二年，罚金一万五千元。检察机关经审查后认为，一审判决认定事实错误、适用法律错误、量刑畸轻，提出抗诉：一是关于非法买卖武装部队证件罪，购买伪造的武装部队证件 10 本以上法定刑即达三年以上有期徒刑，原判决认定购买 9 本假证，仅判处有期徒刑一年，属量刑畸轻。二是关于非法使用武装部队专用标志罪，原判认为在案证据不足以证实董某使用伪造的军车号牌累计达一年以上。检察机关围绕争议焦点补强证据，调取董某住宅小区车位费发票、违章记录、高速口车辆进出站通行记录等，补充证明董某在 2019 年 9 月 1 日至 2020 年 8 月 31 日、2020 年 9 月 23 日至 2021 年 9 月 22 日均以涉案伪造的军车号牌登记并驾车进出其住宅小区、太原等地，足以认定董某非法使用伪造军车号牌的累计时间超过一年，属非法使用武装部队专用标志罪中的"情节特别严重"，应判处三年以上七年以下有期徒刑。

检察机关提出抗诉的同时，对一审判决错误没收扣押在案的董某合法购买且与犯罪无关的华为 Mate 20 手机 1 部、董某名下有合法手续的丰田霸道越野车提出纠正意见。二审法院经审理采纳检察机关的抗诉和纠正意见，依法将董某的刑罚改为决定执行有期徒刑四年六个月，罚金一万五千元，并将相关涉案财物发还给董某近亲属。

（四）社会治理

本案中董某悬挂并使用军车号牌偷逃通行费用，在多地发生道路交通违章，严重损害军队形象、扰乱社会管理秩序。检察机关依法向公安机关发出检察建议，建议公安机关协同有关部门在全市范围内组织开展假军车、假军牌车集中整治专项行动。通过集中整治，公安机关查处此类违法行为 20 余起，有力打击了非法使用军车号牌的行为，维护了社会管理秩序。

典型意义

一是全面把握犯罪行为的社会危害性，上下一体发力确保依法打击。买卖武装部队证件、非法使用武装部队专用标志犯罪，不仅严重扰乱武装部队执行公务、履行职责，也严重危害国防安全和军队建设。办理此类案件，检察机关应当发挥"检察一体"作用，上下联动，形成监督合力，实现精准打击。

二是坚持治罪与治理并重，诉讼监督与社会治理相结合。检察机关办理此类案件，要防止就案办案，对案件中反映出的社会治理突出问题应当及时以检察建议等方式推动相关部门完善治理措施。本案中，检察机关推动公安机关协同有关部门开展假军车、假军牌车集中整治专项行动，促成军警联合执法，强化日常监管，形成长效机制，有力打击和震慑了犯罪分子，维护了军队形象。

案例三　苏某某等三人非法买卖武装部队制式服装案

基本案情

被告人苏某某，男，某资源回收公司法定代表人兼总经理。

被告人韦某某，男，某资源回收公司股东。

被告人任某某，男，个体人员。

2017 年以来，被告人苏某某、韦某某共同成立某资源回收公司，在未经相关主管部门准许及未取得相关资质的情况下，向被告人任某某等上家非法采购武装部队制式服装，在全国范围内销售，其中苏某某负责日常管理、销售，韦某某负责进货。2021 年 5 月 11 日，公安机关在该公司一小仓库内查获军服一批，经清点共计 108137 件；在两个大仓库内查获军服两批，净重共 110 吨。经抽检为军服或军服仿制品。经查，韦某某、苏某某向任某某非法购买军服累计 126 吨，支付款项共计 110 万余元，任某某从中获利 17 万余元。

2021 年 9 月 18 日，检察机关以非法买卖武装部队制式服装罪对苏某某等三人提起公诉。2022 年 8 月 30 日，法院以苏某某等三人犯非法买卖武装部队制式服装罪，分别判处苏某某、韦某某、任某某有期徒刑二年、二年、一年五个月，并处罚金。韦某某不服，提出上诉。2023 年 1 月 16 日，二审法院裁定驳回上诉，维持原判。

履职情况

（一）提前介入

公安机关对苏某某、韦某某立案后，检察机关第一时间介入侦查、引导取证，提出查明涉案军服来源、去向，涉案军服性质等 12 条侦查取证意见。公安机关按照检察机关意见，进一步加大侦查取证力度、收集固定证据。2021 年 6 月 10 日，公安机关对苏某某、韦某某提请批准逮捕，检察机关依法对二人批准逮捕。同时，检察机关认为现有证据能够证实上家任某某涉嫌犯罪，且有逮捕必要，于次日启动追捕程序，建议公安机关对任某某依法提请批准逮捕。公安机关采纳检察机关意见，任某某被依法逮捕。

（二）审查起诉

审查起诉阶段，检察机关主要开展了以下四方面工作：一是强化固定量刑证据，最大限度追赃挽损。细致审查相关收款银行流水，准确认定买卖军服、仿制军服获利数额，依法敦促退缴全部违法所得。二是依法适用认罪认罚从宽制度，实现精准指控。检察机关积极开展认罪教育工作，加强释法说理，促使苏某某、任某某自愿认罪认罚，并在值班律师见证下签署认罪认罚具结书。三是同步审查涉案财物，规范财物管理处置。本案查封扣押的待售卖军服多达上百吨，数量庞大，且分散于三个仓库内，检察机关在案件审理过程中同步进行涉案财物审查，并在起诉时向法院提出明确的没收处置建议，协同法院、公安机关共同处理，确保涉案财物处置到位。四是一体化履职，及时移送监督线索。韦某某等人在不具备销售资质的情况下在市场公开非法买卖武装部队制式服装，违反了《军服管理条例》，市场监督管理部门有失监管职责，检察机关依照《人民检察院内部移送法律监督线索工作规定》向公益诉讼检察部门移送监督线索。

（三）社会治理

公益诉讼检察部门收到监督线索后，经调查核实，发现市场监督管理部门确有怠于履职的情况，遂依法向辖区市场监督管理部门制发诉前检察建议，督促其制定《市场监督管理局"守护戎装"专项行动方案》，并在辖区内开展专项治理活动。市场监督管理局依法组织辖区乡镇市场监管所并联合区人民武装部对相关农贸市场、劳保产品店、服装店等全面排查。经持续整改落实，市场监督管理局书面反馈相关情况，2022年9月至12月，共检查商户168家，引导商户签订合法经营承诺书28份，对5家商户当场责令纠正，立案查处2件，作出行政处罚决定2件。为提升整治成效，军地检察机关联合召开打击非法买卖武装部队制式服装约谈会暨《军服管理条例》普法宣传教育会。通过宣传剖析非法买卖武装部队制式服装案例，以案释法，提升法律震慑力，强化商户法治意识和守法经营的自觉性。

典型意义

一是积极履行法律监督职能，做好惩防一体。检察机关要注重提前介入引导侦查，及时追捕漏犯，对危害国防利益犯罪进行全链条打击。加强对涉案财物的审查，依法提出处置意见，确保违法所得被依法追缴。完善内部监督线索移送机制，多部门协同推进综合履职，严密惩防体系。

二是加强行刑衔接和军地协作，促进社会治理。办理非法买卖军服类案件，检察机关要积极能动履职，构建"行刑衔接+军地协作"治理模式，开展"守护戎装"专项行动，强化涉军普法宣传教育，净化市场环境，助力完善社会治理，捍卫军人荣誉，维护军队形象。

案例四　马某某、杨某某破坏军事设施案

基本案情

被告人马某某，男，农民。2005 年因犯强制猥亵妇女罪被判处有期徒刑二年，2008 年因犯放火罪被判处有期徒刑五年。

被告人杨某某，男，农民。

2021 年 2 月 1 日上午 11 时许，被告人马某某、杨某某各带一台切割机，由马某某驾驶三轮摩托车载杨某某至 A 部队射击靶场。二人明知该地为军事管理区，仍从铁丝网非法进入，意图将该部队靶场内存放的一辆金属坦克移动战斗靶运走当废铁卖掉。由于移动战斗靶体积过大，二人用切割机将靶切割成数块，装载在三轮车上拉走。两名被告人在返回途中被巡逻民警查获。经鉴定，被破坏的军事设施价值 29335 元。

2021 年 5 月 25 日，检察机关以破坏军事设施罪对马某某、杨某某提起公诉。同年 8 月 6 日，法院以马某某、杨某某犯破坏军事设施罪，分别判处有期徒刑二年八个月、二年六个月。二人均未上诉。

履职情况

（一）提前介入

鉴于该案涉军的特殊性，检察机关提前介入、引导侦查取证，参与案件讨论。针对马某某和杨某某否认明知所盗物品是军事设施的辩解，检察机关引导公安机关及时提取痕迹物证，规范制作勘验笔录，查清二人对军事设施是否具有主观明知。同时，引导公安机关主动与部队对接，就被盗物品属性、财产损失及危害结果进行取证。

（二）审查逮捕

2021 年 3 月 2 日，公安机关以马某某、杨某某涉嫌破坏军事设施罪提请检察机关批准逮捕。检察机关经审查后认为，马某某有两

次故意犯罪前科，两人非法进入军事管理区，严重破坏部队军事设施，具有较大社会危险性，且认罪态度较差，依法有逮捕必要，于同年3月9日批准逮捕马某某、杨某某。

（三）审查起诉

审查起诉阶段，检察机关全面审查证据，依法准确认定犯罪事实：一是针对马某某、杨某某对盗窃行为供认不讳但辩称不知道所盗之物属于军事设施的辩解，检察机关通过分析研判现场勘验笔录、亲赴现场实地查看、走访部队人员等方式，审查认定案发地有"军事管理区"及部队标语等显著标识，四周设置铁丝网与外界相隔，白天进入能够明显看到有暗堡、三角锥等军用设施，认定马某某、杨某某明知是军事禁地而非法进入并实施破坏、盗窃行为。二是加强与部队协作。检察机关与军事设施所属部队密切沟通，了解掌握金属靶标用途及损害后果，依法认定被破坏物品属于军事设施，并及时向部队通报案件办理进展，充分听取部队意见。三是准确认定犯罪性质，确保依法惩治。经审查，检察机关认为马某某、杨某某采取破坏性手段盗窃部队军事设施，属于盗窃罪、破坏军事设施罪的竞合，应当择一重罪处罚，以破坏军事设施罪向法院提起公诉。四是坚持惩教结合，依法适用认罪认罚从宽制度。针对马某某、杨某某的侥幸心理，检察机关认真做好认罪认罚教育转化工作，通过释法说理，促使两名被告人深刻认识到自身行为对国防、军事利益造成的严重危害并自愿认罪认罚。检察机关指控意见和量刑建议获一审法院判决采纳。

典型意义

一是依法惩治破坏军事设施犯罪，坚决维护国防利益。军事设施是指国家直接用于军事目的的建筑、场地和设备，包括训练场、军用信息基础设施以及军队为执行任务必需设置的临时设施等。破坏军事设施不但使部队遭受财产损失，更对国防安全和军事利益造成威胁。国家禁止任何组织或者个人破坏、危害军事设施。检察机关办理此类案件，应当注重审查被告人的客观行为、认知程度，通过实地勘察等方式准确认定被告人的主观明知，依法准确定性，坚决维护军事利益和国防利益。

二是密切军地协作配合，形成打击合力。检察机关办理此类案件，应当密切军地协作配合，灵活运用座谈、走访等工作方式，加强沟通、凝聚共识、同向发力，长效推动军事设施保护工作，为军队履行使命任务提供有力司法保障。

案例五　石某某诈骗案

基本案情

被告人石某某，男，无业。曾因非法持有、使用警用标志、制式服装，于 2019 年 6 月 21 日被公安机关行政拘留十二日。

2020 年 9 月至 2021 年 12 月间，被告人石某某化名石某，虚构军人身份，多次穿着假军服、携带假军官证到某军队医院等地活动。在取得他人信任后，多次以招兵、谈恋爱、办入学、介绍工作等名义骗取 18 名被害人的钱财、感情，造成 18 名被害人财产损失共计人民币 62 万余元。

2022 年 6 月 6 日，检察机关以诈骗罪对石某某提起公诉。2023 年 2 月 3 日，法院以石某某犯诈骗罪，判处有期徒刑十一年，并处罚金十万元。石某某不服，提出上诉。同年 4 月 13 日，二审法院裁定驳回上诉，维持原判。

履职情况

（一）引导侦查取证

本案被害人众多，社会危害较大且严重损害军队声誉、败坏军人形象。审查逮捕阶段，检察官在审查每个被害人被诈骗的线索、具体情形，对被害人被诈骗的金额、资金流向进行分析、汇总的基础上，发现本案可能还存在其他被害人。为准确认定犯罪事实，检察机关在依法批准逮捕石某某的同时，向公安机关出具详细的继续侦查取证意见书，引导公安机关对涉案金额认定、资金具体流向等问题继续侦查取证，并根据线索查找其他被害人。

（二）审查起诉

审查起诉阶段，检察机关主要开展了以下工作：一是夯实证据体系，准确认定犯罪数额。加强与公安机关沟通联系，引导公安机关向有关网络公司调取石某某支付宝和微信流水情况，并与被害人支付转账情况进行比对，查实每一名被害人被骗具体金额，准确认定石某某骗取 18 名被害人钱款共计 62 万余元。二是依法改变定性，从严惩治冒充军人招摇撞骗犯罪。公安机关对石某某以冒充军人招摇撞骗罪移送审查起诉。检察机关经审查认为，石某某的行为同时触犯冒充军人招摇撞骗罪和诈骗罪，两罪存在竞合关系，应择一重罪论处，遂依法改变案件定性，以处罚较重的诈骗罪对石某某提起公诉，获得法院判决采纳。

（三）法律监督

案件办理过程中，检察官经反复比对证据材料、依法讯问石某某，发现石某某所持有的军服等假冒军用物资由一名姓"谢"的上家提供。依托侦查监督与协作配合机制，检察机关督促公安机关继续追踪这一犯罪线索，深挖上游犯罪。在该案判决生效后，检察机关持续跟进线索落实情况，开展立案监督。公安机关采纳检察机关意见，决定立案侦查，后成功抓获上游犯罪嫌疑人谢某某。犯罪嫌疑人谢某某因涉嫌诈骗罪，于 2023 年 5 月 11 日被检察机关依法批准逮捕。

典型意义

一是准确适用法律，依法严惩涉军刑事犯罪，维护国防利益。本案被告人石某某冒充现役军人身份骗取被害人信任，骗取被害人钱财、感情，谋取不法利益，不仅严重损害了被害人的合法权益，更抹黑了军人形象，影响了军队威信，进而危害国防利益。检察机关办理此类案件，应当全面把握犯罪行为的社会危害性，加强引导侦查取证，准确指控犯罪，加大对冒充军人实施招摇撞骗等犯罪行为的惩治力度，切实维护军队、军人的声誉和国防利益。

二是积极能动履职，提升办案质效。检察机关在办理涉军刑事案件过程中，应当提高政治站位，能动履职，将监督关口向前延伸，把好案件批捕关、起诉关。同时，注重深挖涉军刑事案件线索，持续追踪上游犯罪，强化立案监督，依法追捕漏犯、追诉漏罪，切实提升办案质效。

案例六　龚某某非法获取国家秘密案

基本案情

被告人龚某某，男，某园林公司草皮养护人员。

2021年4月2日下午，被告人龚某某在某部队机场附近从事草坪修剪工作时，翻越该机场防护栏潜入机场军事管理区，使用手机非法拍摄战机照片和视频并发布在短视频平台上。经部队保密委员会鉴定，被告人龚某某拍摄的照片、视频内容均为机密级。

2021年7月19日，检察机关以非法获取国家秘密罪对龚某某提起公诉。同年7月27日，法院以龚某某犯非法获取国家秘密罪，判处有期徒刑一年二个月，缓刑一年六个月。龚某某未上诉。

履职情况

（一）提前介入

经某市国家安全局邀请，某市两级检察机关上下联动，共同提前介入、引导侦查。检察机关结合本案实际，提出要求侦查机关对有关事项是否属于国家秘密以及达到何种密级程度进行鉴定、对龚某某拍摄相关照片所在的具体位置及军事设施管理标志位置等进行现场勘验的针对性建议，并在后续侦查过程中同步跟进。

（二）审查起诉

根据涉国家秘密案件办理要求，检察机关组建由检察长担任组长的办案团队，全面有序开展案件审查工作。一是坚持案卷审查与亲历审查相结合，通过实地调查、走访等方式，弥补案卷审查的局限性，切实把好事实关、证据关。本案中龚某某拍摄的战机照片和视频，经鉴定属于国家秘密，但其获取国家秘密的犯罪手段和方法是认定难点。办案组以在案证据为基础，前往现场查看犯罪地点具体情况，发现龚某某拍摄照片地点为机场内一处土坡，位置较为隐蔽，拍摄内容非普通人轻易可以取得，可以证实其行为属于"刺探"。通过实地调查，对龚某某以刺探手段获取国家秘密进行周密论证，确保准确认定犯罪事实。二是准确认定案件性质，统一法律适用。本案中，龚某某非法拍摄视频的行为属于非法获取国家秘密，其将短视频在网络平台发布属于故意泄露国家秘密。按照法律规定，非国家机关工作人员故意泄露国家秘密的，密级和数量均达到一定标准才构成犯罪。本案中龚某某发布的照片及短视频虽然属于机密级，但数量尚未达到情节严重标准，故不应以故意泄露国家秘密罪惩处。检察机关以非法获取国家秘密罪对龚某某提起公诉，被法院判决采纳。

（三）社会治理

该案暴露出机场内小土坡被龚某某利用作为拍摄地点的问题，

检察机关建议机场和当地政府铲平该土坡，排除国家安全隐患。针对园林养护从业人员保密管理松懈的问题，检察机关推动相关单位落实保密要求，对工作人员进行严格审查并签订保密承诺书，开展保密培训。同时，通过走访学校、机场周边社区等单位，强化法治宣讲，切实增强公众国防安全意识，营造自觉守护国家安全和国防利益的良好社会环境。

典型意义

一是依法惩治指尖上的犯罪，切实维护国防安全。以窃取、刺探、收买方法，非法获取国家秘密的，构成非法获取国家秘密罪。本案中，龚某某基于猎奇与炫耀心理，明知该机场系军事禁区且有警告牌等告示，仍以刺探方法拍摄属于国家秘密的部队现役装备并在短视频平台传播，已经构成非法获取国家秘密罪。检察机关要依法惩治指尖上的涉密犯罪，切实维护国家秘密和国防安全。

二是利用一体化办案机制，探索涉军刑事案件专业办理模式。地方检察机关办理此类案件，应当全方位发挥检察一体效用，从办案组织、办案机制、办案程序等多方面探索建立涉军刑事案件专业办理模式，确保案件质量。要畅通沟通联系渠道，在证据审查、流程推进、案件处理等环节，加强与国家安全机关、部队有关单位、军事检察机关的协作配合，形成工作合力。同时，坚持惩教结合，强化法治宣传和国防教育，培养公众国防安全意识。

案例七　江某某侵害英雄烈士名誉、荣誉案

基本案情

被告人江某某，女，无业。

2021年3月24日至25日，江某某使用其新浪微博账户（粉丝

数 24.8 万余），先后发布 2 条包含侮辱英雄烈士董存瑞内容的微博，歪曲、丑化、亵渎英雄烈士的事迹和精神。微博发布后迅速、广泛传播，阅读次数分别达 39506 次和 50744 次，引发广大人民群众强烈愤慨，造成恶劣社会影响，严重侵害了英雄烈士的名誉、荣誉和社会公共利益。

2021 年 6 月 30 日，检察机关以侵害英雄烈士名誉、荣誉罪对江某某提起公诉，同时提起刑事附带民事公益诉讼。同年 10 月 12 日，法院以江某某犯侵害英雄烈士名誉、荣誉罪，判处有期徒刑七个月，并要求于判决生效之日起十日内在国内主要门户网站及全国性媒体公开赔礼道歉、消除影响。后江某某在全国性媒体发表致歉信。

履职情况

（一）提前介入

江某某被立案侦查后，经公安机关商请，检察机关依法提前介入、引导侦查取证。检察机关两次就侦查方向、取证要求提出意见：一是向互联网服务供应商依法调取江某某微博账户信息、微博发布内容及点击、浏览、转发次数等涉及定罪关键信息的电子证据；二是对江某某发布微博使用的移动终端依法开展鉴定；三是进一步加强对江某某犯罪主观动机的讯问。

（二）审查起诉

审查起诉阶段，检察机关在全面审查事实证据基础上，积极开展自行补充侦查和认罪认罚教育工作。一是就董存瑞英雄烈士事迹开展自行补充侦查。与退役军人事务管理部门联系沟通后，检察机关赴河北省怀来县董存瑞烈士纪念馆依法调取关于董存瑞英烈事迹的证据材料，还原了董存瑞烈士光荣牺牲的伟大壮举。二是依法开展认罪认罚教育工作。检察机关经审查，发现江某某犯罪成因之一系其自小远赴国外留学生活，个人价值观未能正确建立。检察机关以此为切入点对江某某开展释法说理，指出其犯罪行为损害了英烈名誉、荣誉及其亲属的情感，更损害了社会公众的民族和历史情感。同时，向其解释认罪认罚从宽制度及其法律后果，耐心细致开展教育引导，并结合党史、国史和军史进行思想教育。江某某真诚认罪悔罪，并手写悔过书，在辩护律师见证下自愿签署认罪认罚具结书。检察机关的指控意见和量刑建议获得法院判决采纳。

（三）附带民事公益诉讼

办案过程中，检察机关发现民事公益诉讼线索并立案。按照法律规定，只有在英烈没有近亲属或近亲属均不提起民事诉讼时，检察机关才可以提起公益诉讼。经过大量走访调查，检察机关寻找到董存瑞唯一在世近亲属并征询其意见。董存瑞亲属向检察机关出具声明，明确表示不自行提起诉讼，同时坚决支持检察机关提起刑事附带民事公益诉讼。检察机关作为英烈保护提起公益诉讼的适格主体，在正义网进行了民事公益诉讼诉前公告程序，并适时依法提起附带民事公益诉讼。法院判决要求江某某在国内主要门户网站及全国性媒体公开赔礼道歉、消除影响。后江某某在全国性媒体发表致歉信。

典型意义

一是依法惩治侵害英雄烈士名誉、荣誉违法犯罪行为，坚决维护英烈荣光。英雄烈士是中华民族的脊梁，英雄烈士的事迹是中华民族的共同历史记忆，是社会主义核心价值观的重要体现，是社会公共利益的重要组成部分。英雄烈士的名誉、荣誉不容任何亵渎和诋毁。《刑法修正案（十一）》增设侵害英雄烈士名誉、荣誉罪，对侮辱、诽谤或者以其他方式侵害英雄烈士名誉、荣誉，情节严重的行为作出专门规定。本案中，江某某在微博上发表侮辱英烈董存瑞的言论，歪曲英烈事迹，严重伤害民族情感，经网络发酵，社会传播范围广泛，影响极其恶劣。江某某行为已经构成侵害英雄烈士名誉、荣誉罪，应当依法予以严惩。

二是准确把握侵害英雄烈士名誉、荣誉罪"情节严重"的认定标准，确保案件公正处理。侵害英雄烈士名誉、荣誉"情节严重"的认定应当结合行为方式、相关信息数量、传播方式、传播范围、传播持续时间，相关信息实际被点击、浏览、转发次数，引发的社会影响、危害后果等综合判断。利用信息网络侵害英雄烈士名誉、荣誉的，可以参照适用"两高"《关于办理利用信息网络实施诽谤等刑事案件适用法律若干问题的解释》。本案中江某某两条微博阅读量高达9万次，远远超过信息实际被点击、浏览次数5000次的立案标准，应当被认定为"情节严重"。

三是刑事检察与公益诉讼检察融合履职，更加有力维护军人军属合法权益。英烈精神得到尊崇、军属权益得到保障是事关国防利益的重要内容。针对严重侵犯英烈名誉、荣誉的违法犯罪行为，检察机关在履职过程中应当将融合履职观念贯穿始终，以"刑事检察+公益诉讼检察"一体化保护模式有力维护军人军属合法权益，增强全社会国防意识和法治意识。

案例八　钱某破坏军婚案

基本案情

被告人钱某，男，务工人员。

2013年，被告人钱某在已婚状态下与陈某发展为恋人关系，后两人因钱某无法离婚而分手。2014年9月，陈某与现役军人张某登记结婚。2015年至2018年，钱某明知陈某丈夫张某系现役军人，仍在陈某租房处及钱某办公室多次与陈某发生性关系，致陈某分别于

2016年6月、2018年12月生育二子。其间，钱某与陈某家人联系密切，代为处理家庭事务。陈某亦参与钱某婚庆车队经营，并以个人名义帮助钱某贷款购车。2022年3月，现役军人张某怀疑二子非其亲生，遂报案，并于同年6月2日与陈某离婚。经鉴定，钱某、陈某是陈某所生育二子的生物学父、母亲。

2022年8月8日，检察机关以破坏军婚罪对钱某提起公诉，同年11月18日，法院以钱某犯破坏军婚罪判处有期徒刑二年六个月。钱某未上诉。

履职情况

（一）提前介入

依托侦查监督与协作配合工作机制，检察机关发现被害人报警的情况，及时了解情况后主动提前介入，参与案件研讨，引导公安机关全面收集、固定证据。针对钱某提出与陈某仅是通奸并未同居的辩解，围绕钱某能否认定"与现役军人配偶同居"这一关键问题，检察机关重点引导公安机关调取钱某与陈某在何处发生性关系、发生性关系的频率、二人生活和经济等方面关联关系的证据。通过引导侦查机关全面走访询问二人家人、朋友、邻居、同事等人员，调取二人微信聊天记录、转账记录，查明三点关键事实：一是陈某亲人发生事故、儿子住院均由钱某出面处理，钱某与陈某家人关系密切，走动频繁；二是陈某经常去钱某办公室送饭、带钱某参加家庭聚餐，而钱某则时常与陈某外出购物；三是陈某参与钱某车队经营，并为钱某购车提供经济帮助。检察机关认为，通过梳理在案证据，能够证实二人长达三年内在生活上关系密切、经济上相互帮助，属于长期、持续、稳定的同居行为，且此期间二人生育二子，导致军人婚姻关系破裂，属于"明知是现役军人的配偶而与之同居"，并督促侦查机关尽快立案。

（二）审查起诉

2022 年 6 月 1 日，公安机关以钱某涉嫌破坏军婚罪移送检察机关审查起诉。钱某虽然承认与陈某通奸，但是辩解称自己不应负主要责任，陈某与丈夫张某的矛盾才是离婚导火索。为高质效办理案件，检察机关一方面对钱某加强释法说理，进行认罪教育转化；另一方面通过电话访问，及时跟进了解被害人张某归队后的心理状况，听取其本人及所在部队意见。针对被害人张某流露出的负面情绪，检察机关主动联系其所在部队联络人，积极开展心理安抚。经过教育，钱某表示自愿认罪认罚。结合本案的具体情节、社会危害性以及社会影响，检察机关于 2022 年 8 月 8 日以破坏军婚罪对钱某提起公诉并提出有期徒刑二年至三年的量刑建议。法院判决采纳检察机关指控意见和量刑建议，以钱某犯破坏军婚罪，判处有期徒刑二年六个月。

（三）社会治理

判决生效后，检察机关积极参与社会治理，推动解决军人军属操心事和烦心事。一是结合案件成因及影响，针对军人军属提供"法治套餐"，促进提高其法治意识。二是主动联系民政局、武装部等单位，建议就及时听取军属意见、维护军属合法权益尽快建章立制。三是结合新修订实施的《军人军属法律援助工作实施办法》（简称《实施办法》），在军属比较集中的小区、单位进行普法宣传，详细解读《实施办法》关于援助人群、适用条件、援助内容、申请事项等的规定，主动担当作为。本案办理效果得到被害人及所在部队充分认可，部队向检察机关赠送了"维护军人权益暖兵心士气，彰显公平正义助蓝天空防"的锦旗。

典型意义

一是准确适用法律，依法惩治破坏军婚案件。军婚的特殊性决定了法律对军婚应给予特殊保护。针对司法实践中存在的对"与现役军人配偶同居"理解认识不统一的问题，检察机关应当结合案件具体情况，准确认定是否"同居"。一是看是否较长时间段内存在不正当性关系，且生活、经济联系密切，从而符合同居实质要素；二是看是否造成婚姻破裂、堕胎、生育子女等严重后果，从而对军人婚姻产生实质性破坏。除此之外，还要精准认定行为危害性，从严惩处破坏军人婚姻稳定、伤害军人情感的行为，并做好"事理、情理、法理"三位一体的释法说理工作，让人民群众在案件中感受到公平正义。

二是办理破坏军婚案件，应当积极作为，彰显拥军护军的检察担当。现役军人为了保家卫国，远离家庭，艰苦奋斗。军人职业的特殊性、使命的特殊性，决定其婚姻家庭关系不同于普通家庭。检察机关在办理破坏军婚案件过程中，应当主动靠前引导取证，夯实证据基础；深入实地走访调查，主动了解被害军人实际困难，以心理疏导、定期回访等多元化帮扶措施解忧纾困；加强与部队沟通协作，共同做好被害军人思想工作，帮助军人安心服役。

案例九 韩某破坏军婚案

基本案情

被告人韩某，男，个体人员。

被害人赵某于 2005 年入伍，2022 年 4 月退役。2015 年 1 月，被害人赵某与施某结婚。2020 年 8 月，被告人韩某在已婚状态下与施某交往，二人多次在宾馆开房并发生性关系。2021 年 5 月，被害人赵某得知上述情况，约见被告人韩某并发生肢体冲突。后赵某所属部队指派人员两次告知韩某破坏军婚后果，但韩某未听劝阻。同年 9 月 23 日施某离家出走。次日，韩某与施某在某市租房同居，二人商定拖延至赵某退役再提离婚，进而逃避法律责任。2022年4月至7月，在赵某转业待安置期间，韩某与妻子离婚，并与施某继续保持同居关系，致使施某在2022年11月堕胎一次。

2023年4月7日，检察机关以破坏军婚罪对韩某提起公诉。同年6月7日，法院以韩某犯破坏军婚罪判处有期徒刑一年。韩某不服，提出上诉。同年7月3日，二审法院裁定驳回上诉，维持原判。

履职情况

（一）提前介入

2021年9月21日赵某报警后，本案因证据问题一直处于在办状态。2022年1月19日，公安机关通过侦查监督与协作配合办公室将本案反馈至派驻检察官，并同步发出提前介入侦查邀请函。同日，检察机关提前介入案件，听取公安机关案情通报，并以固定韩某与施某共同生活痕迹为主要侦查方向，制发了引导侦查取证提纲，重点调取韩某与施某入住酒店信息、租房信息、聊天记录及转账等关键证据。公安机关据此固定涉案通话记录200余条、位置信息1014条、视听软件信息1511条、微信信息8730条、交易记录1554条，为指控犯罪打下坚实基础。

（二）审查起诉

因本案影响较大，办案单位向上级检察院汇报。两级检察机关一致认为，韩某与施某虽不对外宣称为夫妻，但持续、稳定地共同居住生活，在经济上、生活上有着密切联系，韩某行为应当认定为破坏军婚罪中的"同居"。韩某在明知施某系现役军人配偶的情况下，仍与施某多次发生性关系并长时间同居，已经构成犯罪，且韩某罔顾法律威严、不听劝阻，犯罪情节恶劣。检察机关依法听取了被害人赵某和部队法律顾问意见，以破坏军婚罪对韩某提起公诉。

（三）军地协作

为进一步了解本案对赵某服役产生的实际影响，经赵某所属部队同意，检察官主动到连队走访，了解到赵某将于2022年4月退役。为确保赵某从部队向地方平稳过渡，检察机关与部队共同对赵某进行思想疏导，为赵某全面分析后续可能发生的涉诉问题。在赵某退役后，检察机关与赵某所属部队官兵座谈，为赵某所属部队官兵进行法律宣讲，并通过与公安机关、退役军人事务管理部门座谈，完善涉军刑事案件快速反应机制，保障军人军属合法权益。

典型意义

一是高度认识惩治破坏军婚犯罪的政治责任与法律责任，维护军人合法权益。现役军人是保家卫国的主要军事力量，他们枕戈待旦，时刻为国泰民安负重前行。军婚遭到破坏，会极大动摇现役军人服役状态，严重影响部队战斗力和安全稳定。以司法手段稳"小家"为"大家"，是检察机关贯彻落实习近平法治思想、习近平强军思想的重要举措，也是检察机关应当履行的法定职责。办理该类案件，检察机关应当主动担当作为，开展心理纾解和法律宣讲工作，帮助涉案军人摆脱案件影响，营造拥军优属、尊崇军人的良好氛围。

二是充分发挥侦查监督与协作配合机制功能作用，凝聚共识、同向发力。本案中，检察机关提前介入侦查，确定案件侦查方向和侦查重点，为公安机关侦办案件提供了有力支持。两机关分工负责、互相配合，为解决案件久拖不决、全面固定犯罪证据提供了制度保障，共同做优刑事"大控方"，共同推进侦查监督与协作配合机制走深走实。

最高人民法院发布涉英烈权益
保护十大典型案例①

（2022 年 12 月 8 日）

目　录

---

① 参见《涉英烈权益保护十大典型案例》，载最高人民法院网，https：//www.court.gov.cn/zixun-xiangqing-382301.html，访问时间 2023 年 10 月 31 日。

社会公共利益

七、叶某等诉某信息公司名誉权纠纷案

——烈士近亲属有权依法对侵害英烈名誉行为提起诉讼

八、赵某侵害英雄烈士名誉民事公益诉讼案

——在网络平台上发表不当言论亵渎英烈事迹和精神应当承担法律责任

九、洪某诉刘某、某报社名誉权纠纷案

——对侵害英雄烈士名誉、荣誉行为的合理回应和批评不构成侵权

十、董某诉李某、第三人卢某排除妨害案

——依法保障英雄烈士遗属居住权益

案例一 罗某侵害英雄烈士名誉、荣誉暨附带民事公益诉讼案——在网络平台上侮辱抗美援朝英雄烈士，构成侵害英雄烈士名誉、荣誉罪并应承担民事责任

基本案情

2021年，罗某观看《长津湖》电影和纪录片后，为博取关注，使用新浪微博账号（粉丝数220余万）发帖，侮辱在抗美援朝长津湖战役中牺牲的中国人民志愿军"冰雕连"英烈。上述帖文因用户举报被平台处理，此前阅读量2万余次。罗某次日删除该帖文，但相关内容已经在网络上广泛传播，引发公众强烈愤慨。罗某曾系知名媒体人，曾使用上述账号先后发表侮辱、嘲讽英雄烈士等帖文9篇，其账号被平台处置30次。海南省三亚市城郊人民检察院提起刑事附带民事公益诉讼，认为应当以侵害英雄烈士名誉、荣誉罪追究罗某刑事责任，建议判处有期徒刑七个月，同时请求判令罗某承担相应民事责任。

裁判结果

海南省三亚市城郊人民法院认为，被告人罗某在互联网上使用侮辱性语言抹黑中国人民志愿军"冰雕连"英烈，否定社会主义核心价值观和伟大的抗美援朝精神，破坏社会公共秩序，情节严重，其行为构成侵害英雄烈士名誉、荣誉罪。罗某系自首，可以依法从轻处罚，自愿认罪认罚，可以依法从宽处理。附带民事公益诉讼被告罗某作为网络"大Ｖ"，多次在网上公开发表言论侮辱、贬损英雄烈士，严重侵害社会公共利益，应当承担民事责任。罗某自愿赔偿8万元用于抗美援朝烈士精神事迹纪念、宣传等公益事业，予以认可。作出刑事附带民事判决，被告人罗某犯侵害英雄烈士名誉、荣誉罪，判处有期徒刑七个月；附带民事公益诉讼被告罗某在相关网站及报纸上公开赔礼道歉。

典型意义

英雄烈士既包括个人，也包括群体，既包括有名英雄烈士，也包括无名英雄烈士。中国人民志愿军的英雄事迹是中华民族共同的历史记忆和宝贵的精神财富，伟大的抗美援朝精神跨越时空、历久弥新，是社会主义核心价值观的重要体现，全体中华儿女要永续传承、世代发扬，绝不容许亵渎、诋毁。电影《长津湖》旨在缅怀中国人民志愿军"冰雕连"英烈，罗某却在观看电影后，在网络平台发帖公然歪曲历史，侮辱、抹黑英烈，伤害公众情感，严重破坏社会公共秩序。本案通过司法手段严惩侵害抗美援朝英雄烈士群体名誉、荣誉行为，维护社会公共利益，护航传承和弘扬爱国主义精神，推动培育和践行社会主义核心价值观。

案例二　肖某侵害英雄烈士名誉、荣誉罪案——在人数众多的微信群诋毁、侮辱英雄，构成侵害英雄烈士名誉、荣誉罪

基本案情

2021年，肖某在"杂交水稻之父"、共和国勋章获得者、中国工程院院士袁隆平因病逝世、举国悲痛之际，无视公序良俗和道德底线，使用昵称"坚持底线"的微信号，先后在微信群"白翎村村民信息群"（群成员499人）内发布2条信息，歪曲事实诋毁、侮辱袁隆平院士，侵害英雄名誉、荣誉，引起群内成员强烈愤慨，造成恶劣社会影响。湖南省韶山市人民检察院提起公诉，认为被告人肖某的行为构成侵害英雄烈士名誉、荣誉罪，建议判处管制六个月。

裁判结果

湖南省韶山市人民法院认为，被告人肖某以侮辱、诽谤方式侵害英雄的名誉、荣誉，损害社会公共利益，情节严重，其行为已构成侵害英雄烈士名誉、荣誉罪。案发后，被告人肖某如实供述自己的犯罪事实，认罪认罚，依法可从宽处理。判决被告人肖某犯侵害英雄烈士名誉、荣誉罪，判处管制六个月。

典型意义

自2021年3月1日起施行的《中华人民共和国刑法修正案（十一）》增设"侵害英雄烈士名誉、荣誉罪"，体现出我国对英雄烈士权益强有力的保护，以及严厉打击抹黑英雄烈士形象行为的决心。袁隆平院士为人民自由幸福和国家繁荣富强作出重大贡献，属于英雄人物，适用英雄烈士人格利益保护的相关法律规定是应有之义。肖某在微信群发布侮辱袁隆平院士的言论，造成恶劣影响，依法应予严惩。本案既有力打击侵害英雄名誉、荣誉行为，维护英雄权益，

又教育社会公众崇尚英雄、捍卫英雄、学习英雄，充分彰显司法裁判在社会治理中的价值导向作用。

案例三　仇某侵害英雄烈士名誉、荣誉暨附带民事公益诉讼案——在网络平台上采用侮辱、诽谤方式侵害卫国戍边英雄烈士名誉、荣誉构成犯罪并应承担民事责任

基本案情

仇某在卫国戍边官兵誓死捍卫国土的英雄事迹被报道后，为博取眼球，使用其新浪微博账号"××小球"（粉丝数250余万），先后发布2条微博，歪曲卫国戍边官兵祁发宝、陈红军、陈祥榕、肖思远、王焯冉等同志的英雄事迹和英雄精神。上述微博在网络上迅速扩散，引发公众强烈愤慨，造成恶劣社会影响。截至仇某删除微博时，上述微博共计阅读量20余万次。江苏省南京市建邺区人民检察院提起刑事附带民事公益诉讼，认为应当以侵害英雄烈士名誉、荣誉罪追究被告人仇某刑事责任，同时请求判令被告仇某通过国内主要门户网站及全国性媒体公开赔礼道歉，消除影响。

裁判结果

江苏省南京市建邺区人民法院认为，被告人仇某公然藐视国家法律和社会公德，在网络上采用侮辱、诽谤方式侵害英雄烈士名誉、荣誉，造成恶劣社会影响，严重破坏社会秩序，损害社会公共利益，情节严重，构成侵害英雄烈士名誉、荣誉罪。附带民事公益诉讼被告仇某发表不当言论，亵渎英雄烈士事迹和精神，侵害英雄烈士名誉、荣誉，应当承担民事侵权责任。作出刑事附带民事判决，被告人仇某犯侵害英雄烈士名誉、荣誉罪，判处有期徒刑八个月；附带民事公益诉讼被告仇某通过国内主要门户网站及全国性媒体公开赔

礼道歉，消除影响。

典型意义

"××小球"案是《中华人民共和国刑法修正案（十一）》增设"侵害英雄烈士名誉、荣誉罪"后的全国首案。本案依法认定仇某的行为构成侵害英雄烈士名誉、荣誉罪，通过科处刑罚，保护英烈权益，弘扬英烈精神，回应社会关切，发挥司法裁判教育、警示作用，具有首案引领意义。有助于推动社会公众形成维护英雄烈士名誉、荣誉，严惩亵渎、诋毁英烈言行的广泛共识，大力弘扬社会主义核心价值观，彰显司法保护英烈权益、弘扬英烈精神的坚定立场。

案例四　王某诉杨某排除妨害纠纷案——任何组织和个人不得侵占英雄烈士纪念设施保护范围内的土地和设施

基本案情

王兆军同志在解放战争期间的"四平战役"中壮烈牺牲，后经民政部批准为革命烈士。王某系王兆军同志的胞弟。河西村民委员会与王某签订协议，约定将案涉承包地作为烈士墓地，交予王某长期管理，免收承包金及其他费用。王某对烈士墓地及堆堤进行管理与维护期间，杨某长期自行在王某承包地的堆堤处种植各种农作物。双方为此经常发生纠纷，河西村民委员会多次协调均未能有效解决。后王某向法院提起诉讼，要求杨某返还侵占的烈士墓地范围内土地。

裁判结果

江苏省滨海县人民法院认为，国家鼓励和支持自然人、法人和非法人组织以捐赠财产、义务宣讲烈士事迹和精神、帮扶英雄烈士遗属等公益活动的方式，参与英雄烈士保护工作。河西村民委员会将烈士墓地和堆堤交予烈士近亲属王某管理维护，不仅有利于激发公民的荣誉感，亦能加强对烈士墓地范围内土地的保护。国家出台《中华人民共和国英雄烈士保护法》，对英雄烈士予以褒扬、纪念，全社会都应当崇尚、学习、捍卫英雄烈士，任何组织和个人不得侵占英雄烈士纪念设施保护范围内的土地和设施。杨某在烈士墓地种植农作物于法无据，被侵占的该地块依法应予返还。判决被告杨某向王某返还土地。

典型意义

本案是对侵犯零散烈士纪念设施保护范围内土地进行司法保护的典型案例。司法实践中，不仅要重视对英烈权益的保护，也要加强对承载英烈精神纪念设施的保护力度。英烈事迹的群众知晓度不一，现实中烈士纪念设施由于各种原因有的被侵占，有的被破坏甚至塌陷，有的周围杂草丛生，缺乏庄严、肃穆的氛围。本案在加强对零散烈士纪念设施的司法保护方面，具有代表性和典型性，对于弘扬社会主义核心价值观具有重要的示范引领作用。

案例五　李某、吴某侵害英雄烈士荣誉民事公益诉讼案
——在英雄烈士纪念设施保护范围内从事有损纪念英雄烈士环境和氛围的活动应承担法律责任

基本案情

2018 年，李某、吴某身着仿纳粹军服，前往萧山烈士陵园拍摄大量照片，后李某将身着仿纳粹军服的照片发布在其好友数 1940 人的 QQ 空间中，被多人转发扩散，引发广大网民热议，社会影响恶劣，相关内容相继被各大新闻网站转载，短时间内转载量即达 3 万

余条。2019 年，公安机关调查后，根据情节严重程度，对李某、吴某分别处以行政拘留 14 日和 7 日的行政处罚。浙江省杭州市人民检察院提起本案民事公益诉讼，请求判令李某、吴某在浙江省省级以上媒体公开赔礼道歉、消除影响。

裁判结果

浙江省杭州市中级人民法院认为，李某、吴某对英雄烈士以及烈士陵园所蕴含的精神价值，应具有一般民众的认知和觉悟。李某、吴某的行为轻视英雄烈士，无视公众情感，蔑视法律尊严，侮辱和亵渎英雄烈士荣誉，侵害烈士亲属及社会公众情感，损害社会公共利益和社会道德评价秩序，后果严重，依法应当承担相应民事法律责任，判决李某、吴某在浙江省省级以上媒体公开赔礼道歉、消除影响。

典型意义

烈士陵园作为向公众开放的英雄烈士纪念设施，供公众瞻仰、悼念英雄烈士，开展纪念教育活动，告慰先烈英灵。任何组织和个人不得在英雄烈士纪念设施保护范围内从事有损纪念英雄烈士环境和氛围的活动，否则将承担相应法律责任。本案的依法审理，对此类侵害英烈荣誉行为起到有效的教育、警示和震慑作用。本案审理过程中还邀请百余名学生到庭旁听，并通过中国庭审公开网进行全程直播，让庭审成为全民共享的法治公开课和爱国主义教育公开课，有助于引起社会公众警醒，推动在全社会真正形成尊重英雄、保护英雄的共识，进一步传承英烈精神。

案例六　某网络科技公司侵害英雄烈士姓名民事公益诉讼案

——擅自将英烈姓名用于商业用途，侵害英雄烈士人格利益和社会公共利益

基本案情

某网络科技公司为电商企业提供信息中介、资源共享平台，将付费会员称为"雷锋会员"、平台称为"雷锋社群"、微信公众号称为"雷锋哥"，并发布有"雷锋会员"等文字的宣传海报和文章，在公司住所地悬挂"雷锋社群"文字标识等。该公司以"雷锋社群"名义多次举办"创业广交会""电商供应链大会"等商业活动，并以"雷锋社群会费"等名目收取客户费用共计30万余元。浙江省杭州市上城区人民检察院提起民事公益诉讼，要求某网络科技公司立即停止在经营项目中以雷锋名义进行的宣传，并在浙江省省级媒体赔礼道歉。

裁判结果

杭州互联网法院认为，某网络科技公司使用的"雷锋"文字确系社会公众所广泛认知的雷锋同志之姓名，其明知雷锋同志的姓名具有特定意义，仍擅自用于开展网络商业宣传，构成对雷锋同志姓名的侵害，同时损害社会公共利益，依法应当承担法律责任。判决某网络科技公司停止使用雷锋同志姓名的行为，并在浙江省省级报刊向社会公众发表赔礼道歉声明。

典型意义

本案是《中华人民共和国民法典》实施后首例保护英烈姓名的民事公益诉讼案件。依据其中第185条、第1000条规定，侵害英雄烈士等的姓名、肖像、名誉、荣誉，损害社会公共利益的，应当承

担消除影响、恢复名誉、赔礼道歉等民事责任，且应当与行为的具体方式和造成的影响范围相当。雷锋同志的姓名不仅作为一种重要的人格利益受法律保护，还涉及社会公共利益。本案裁判明确，将雷锋同志的姓名用于商业广告和营利宣传的行为，侵害英雄烈士人格利益；同时，将商业运作模式假"雷锋精神"之名推广，既曲解雷锋精神，与社会公众的一般认知相背离，也损害承载于其上人民群众的特定感情，损害社会公共利益。本案通过司法手段，为网络空间注入缅怀英烈、敬仰英烈的法治正能量。

案例七　叶某等诉某信息公司名誉权纠纷案——烈士近亲属有权依法对侵害英烈名誉行为提起诉讼

基本案情

2018 年，某信息公司通过其自媒体账号"暴走漫画"，在某网络平台上发布了时长 1 分 09 秒的短视频。该视频的内容对叶挺烈士在皖南事变后于 1942 年在狱中创作的《囚歌》中"为人进出的门紧锁着，为狗爬出的洞敞开着，一个声音高叫着，爬出来吧，给你自由！"进行篡改。该视频于 2018 年 5 月 8 日至 16 日在网络上传播，多家新闻媒体予以转载报道，引起公众关注和网络热议，造成不良社会影响。叶挺烈士近亲属遂提起本案诉讼，请求判令某信息公司停止侵犯叶挺同志英雄事迹和精神的行为、在国家级媒体上公开对原告赔礼道歉、赔偿精神抚慰金等。

裁判结果

陕西省西安市雁塔区人民法院认为，叶挺烈士创作的《囚歌》充分体现了叶挺百折不挠的革命意志和坚定不移的政治信仰。该诗表现出的崇高革命气节和伟大爱国精神已经获得全民族的广泛认同，是中华民族共同记忆的一部分，是中华民族精神的内核之一，也是社会主义核心价值观的体现，是中华民族宝贵的精神财富。某信息公司的视频于《中华人民共和国英雄烈士保护法》施行之际在网络平台上发布并传播，造成恶劣社会影响。该视频内容亵渎叶挺烈士革命精神，侵害叶挺烈士名誉，不仅给烈士亲属造成精神痛苦，也伤害社会公众的民族情感，损害社会公共利益，具有违法性且其主观过错明显，应当承担侵权责任。判决某信息公司在三家国家级媒体上公开发布赔礼道歉公告，向原告赔礼道歉、消除影响；向原告支付精神抚慰金 10 万元。

典型意义

《中华人民共和国英雄烈士保护法》明确规定，对侵害英雄烈士姓名、肖像、名誉、荣誉的行为，英雄烈士的近亲属可以依法向人民法院提起诉讼。本案系该法施行后由烈士近亲属提起诉讼的侵害英雄烈士名誉民事案件，明确侵权人除需在相关媒体上公开发布赔礼道歉公告外，还应当承担向烈士近亲属赔礼道歉、消除影响，以及支付精神抚慰金等民事责任。通过司法裁判明确亵渎英烈行为的法律责任，加强对英烈权益的保护力度。

案例八　赵某侵害英雄烈士名誉民事公益诉讼案——在网络平台上发表不当言论亵渎英烈事迹和精神应当承担法律责任

基本案情

马金涛同志系贵州省贵阳市公安局花溪分局贵筑派出所民警。2018 年，马金涛同志在执行抓捕毒犯任务中牺牲，年仅 30 岁。国家人力资源和社会保障部、公安部追授马金涛同志"全国公安系统一级英雄模范"称号。马金涛同志因公殉职次日，赵某在人数众多的微信群中对此发表侮辱性言论。贵州省六盘水市人民检察院就赵某侵害马金涛烈士名誉提起民事公益诉讼，请求判令赵某通过贵州省省级以上媒体向社会公开赔礼道歉、消除影响。

裁判结果

贵州省六盘水市中级人民法院认为，马金涛烈士在缉毒工作中献出年轻的生命，他英勇无畏、无私奉献的精神，值得全社会学习、弘扬、传承和捍卫。赵某在人数众多的微信群中公然发表不当言论亵渎英烈事迹和精神，贬损英烈名誉，伤害烈属情感，同时也给一线缉毒民警带来心理上伤害，已经超出言论自由范畴，是对社会公德的严重挑战，损害社会公共利益，应当依法承担民事侵权责任。判决赵某在贵州省省级媒体公开赔礼道歉、消除影响。

典型意义

缉毒英雄英勇无畏、无私奉献的精神不容亵渎。本案侵权人通过互联网媒体，诋毁、侮辱、诽谤英雄人物，丑化英雄人物形象，贬损英雄人物名誉，削弱英烈精神价值，损害社会公共利益。本案通过民事公益诉讼加大对英雄烈士名誉的保护力度，充分体现人民法院弘扬英烈精神、保护英烈权益的坚定立场，有助于引导社会公众自觉维护和弘扬英烈精神，推动全社会形成学习英烈革命气节、崇尚英烈、捍卫英烈的良好社会风尚。

案例九　洪某诉刘某、某报社名誉权纠纷案——对侵害英雄烈士名誉、荣誉行为的合理回应和批评不构成侵权

基本案情

刘某系"狼牙山五壮士"所在连连长之子，于2015年撰写案涉

文章，某报社分社在网络平台上以《心声 | "狼牙山五壮士"所在连连长的儿子为捍卫英雄名誉写的一封公开信》为标题予以发布。某报社主办的杂志发布略作修改后的该文章，标题为《狼牙山五壮士所在连连长之子刘某写给勇敢捍卫狼牙山五壮士名誉权的同志们的信》。洪某认为案涉文章中有对其侮辱、诽谤的言论，严重侵犯其人格尊严和名誉权，遂提起本案诉讼，请求判令刘某、某报社立即停止侮辱诽谤、删除侵权言论，在相关媒体上公开道歉，赔偿精神损害抚慰金。

裁判结果

北京市海淀区人民法院一审认为，洪某发表在先的《小学课本〈狼牙山五壮士〉有多处不实》《"狼牙山五壮士"的细节分歧》两篇文章，引导读者对"狼牙山五壮士"英勇抗敌事迹和舍生取义精神产生怀疑，从而否定基本事实的真实性和矮化"狼牙山五壮士"的英雄形象，与社会主流价值观念和历史共识相违背。刘某撰写案涉文章，某报社予以发表是对洪某文章的回应和批评，主要目的是消除洪某在先言论的不良影响，维护"狼牙山五壮士"的英雄形象，维护社会公共利益。因此，刘某、某报社未侵犯洪某名誉权，判决驳回洪某的全部诉讼请求。北京市第一中级人民法院二审判决驳回上诉，维持原判。

典型意义

"狼牙山五壮士"的英雄事迹和大无畏牺牲精神，已经成为中华民族精神的重要内容，成为社会主流价值观念和社会公共利益的一部分。在此情况下，洪某发表两篇文章，用细节贬低、损毁英烈形象，否定"狼牙山五壮士"基本事实和英雄形象，明显侵犯社会公共利益，对社会公共利益的挑战，必然招致回应、批评。本案依法捍卫了社会公众对歪曲英雄烈士事迹行为进行批评的权利，充分彰显人民法院保护英烈权益的鲜明态度。

案例十　董某诉李某、第三人卢某排除妨害案——依法保障英雄烈士遗属居住权益

基本案情

董某系革命烈士卢兴的遗孀，83 岁，体弱多病，由孙女卢某长年照顾。2012 年，老人原有住房面临拆迁，政府为照顾烈属，特批安置给老人一套房屋，并按老人意愿，在拆迁协议上将孙女卢某加在董某名字后面，注明董某百年后，房屋产权归卢某所有。2016 年，董某与卢某领取拆迁安置房，但因老人身体问题一直未办理不动产权登记证。后卢某未经董某同意，擅自将房屋转卖给同事李某。李某向其支付购房款 32 万余元。2021 年，李某起诉卢某、第三人董某，要求办理房屋过户手续，被法院以卢某系无权处分为由驳回诉讼请求。判决生效后，李某仍占有房屋。2022 年，董某办理不动产权属证书，后多次要求李某搬出未果，无奈诉至法院，要求李某搬出案涉房屋。

裁判结果

江苏省淮安市淮安区人民法院认为，本着优待烈属的原则，政府安置给烈士遗孀董某一套房屋，并充分尊重老人意愿，明确其百年后房屋归孙女所有。现在老人健在，房屋却被其孙女卢某擅自转卖。此举既不合法，又与政府优待烈属的初衷相违背，导致烈士遗孀老无所居。法院从关爱烈属的角度，动员李某主动搬离。经过法院调解，三方当事人达成调解协议，李某同意限期搬出案涉房屋。

典型意义

《中华人民共和国英雄烈士保护法》规定，国家实行英雄烈士抚恤优待制度，英雄烈士遗属按照国家规定享受教育、就业、养老、住房、医疗等方面的优待。中共中央办公厅、国务院办公厅、中央军委办公厅《关于加强新时代烈士褒扬工作的意见》明确要加强烈属人文关怀和精神抚慰，突出解决烈属家庭后续生活保障、救助帮扶援助等实际问题，优化烈属住房、养老等服务专项优待内容。做好烈属优待工作，让广大烈属享受到应有的优待和国家改革发展成果，是关心关爱烈属的具体举措，也是对革命烈士的告慰。本案通过司法手段推动落实烈属优待政策，切实解决烈属生活困难，依法维护烈属合法财产权利，保障烈属居住权益，实现老有所养、住有所居，是弘扬英烈精神、褒恤烈属的生动司法体现。

全民国家安全教育典型案例及相关法律规定①

（2019 年 4 月 15 日）

案例及基本案情

1. 黄某某为境外刺探、非法提供国家秘密案

被告人黄某某通过 QQ 与一名境外人员结识，后多次按照对方要求到军港附近进行观测，采取望远镜观看、手机拍摄等方式，搜集军港内军舰信息，整理后传送给对方，以获取报酬。至案发，黄某某累计向境外人员报送信息 90 余次，收取报酬 5.4 万元。经鉴定，黄某某向境外人员提供的信息属 1 项机密级军事秘密。

---

① 参见《全民国家安全教育典型案例及相关法律规定》，载最高人民法院网，https：//www. court. gov. cn/zixun/xiangqing/151722. html，访问时间 2023 年 10 月 31 日。

法院认为，被告人黄某某无视国家法律，接受境外人员指使，积极为境外人员刺探、非法提供国家秘密，其行为已构成为境外刺探、非法提供国家秘密罪。依照《中华人民共和国刑法》相关规定，对黄某某以为境外刺探、非法提供国家秘密罪判处有期徒刑五年，剥夺政治权利一年，并处没收个人财产 5 万元。

2. 周某破坏军事设施案

2016 年 4 月间，被告人周某先后三次采用破坏性手段盗窃中国人民解放军某部队油料转运站配电间内电缆线，致使配电间内的配电柜遭受破坏，配电间不能为库区油料转运输送泵房提供电力支撑，无法完成担负的战备油料转运任务。经鉴定，被盗电缆线共计价值409 元。

法院认为，被告人周某明知是军事设施而予以破坏，其行为已构成破坏军事设施罪。鉴于周某系未成年人，认罪、悔罪态度较好，社会危害性较小，依法可以宣告缓刑。依照《中华人民共和国刑法》相关规定，对周某以破坏军事设施罪判处有期徒刑八个月，缓刑一年。

3. 张某某破坏军事通信案

被告人张某某组织工人对某招待所楼顶太阳能设施进行拆除时，将中国人民解放军某部的军事通信光缆损毁，造成军事通信阻断。随后部队维护人员赶到现场进行紧急抢修，并告知张某某待军事通信光缆损毁事宜处理完后再行施工。后张某某自行组织工人再次施工，并再次将同一位置的军事通信光缆损毁，造成军事通信阻断。张某某在明知是军事通信光缆且在未向部队报告取得同意的情况下，擅自对损毁的光缆进行熔接，造成国防通信线路中断 120 分钟，经鉴定两次损毁的军事光缆恢复费及线路中断造成的阻断费合计294300 元。

法院认为，被告人张某某作为施工管理人员，明知是军事通信设施，仍然违章作业，造成军事通信线路损毁，并私自熔接该通信线路，致使军事通信中断，其行为已构成破坏军事通信罪。鉴于张某某到案后如实供述自己的罪行，部队的经济损失已得到赔偿，故予以从轻处罚。依照《中华人民共和国刑法》相关规定，对张某某以破坏军事通信罪判处拘役三个月。

4. 王某某过失损坏军事通信案

被告人王某某在北京市海淀区某驾校停车场内，雇用铲车司机，在未告知铲车司机地下有国防光缆的情况下让其驾驶铲车施工，将中国人民解放军某总部某通信团埋在该驾校停车场地下的一根一级国防光缆挖断。

法院认为，被告人王某某过失损坏军事通信设施，造成严重后果，其行为已构成过失损坏军事通信罪。鉴于王某某到案后如实供述自己的罪行，认罪态度较好，且积极赔偿因犯罪行为而造成的经济损失，故酌情予以从轻处罚，并宣告缓刑。依照《中华人民共和国刑法》相关规定，对王某某以过失损坏军事通信罪判处拘役六个月，缓刑六个月。

法律规定

1. 《中华人民共和国刑法》

第一百一十一条　为境外的机构、组织、人员窃取、刺探、收买、非法提供国家秘密或者情报的，处五年以上十年以下有期徒刑；情节特别严重的，处十年以上有期徒刑或者无期徒刑；情节较轻的，处五年以下有期徒刑、拘役、管制或者剥夺政治权利。

第三百六十九条　破坏武器装备、军事设施、军事通信的，处三年以下有期徒刑、拘役或者管制；破坏重要武器装备、军事设施、军事通信的，处三年以上十年以下有期徒刑；情节特别严重的，处十年以上有期徒刑、无期徒刑或者死刑。

过失犯前款罪，造成严重后果的，处三年以下有期徒刑或者拘役；造成特别严重后果的，处三年以上七年以下有期徒刑。

战时犯前两款罪的，从重处罚。

2.《中华人民共和国反间谍法》

第四条　中华人民共和国公民有维护国家的安全、荣誉和利益的义务，不得有危害国家的安全、荣誉和利益的行为。

一切国家机关和武装力量、各政党和各社会团体及各企业事业组织，都有防范、制止间谍行为，维护国家安全的义务。

国家安全机关在反间谍工作中必须依靠人民的支持，动员、组织人民防范、制止危害国家安全的间谍行为。

第六条　境外机构、组织、个人实施或者指使、资助他人实施的，或者境内机构、组织、个人与境外机构、组织、个人相勾结实施的危害中华人民共和国国家安全的间谍行为，都必须受到法律追究。

第二十七条　境外机构、组织、个人实施或者指使、资助他人实施，或者境内机构、组织、个人与境外机构、组织、个人相勾结实施间谍行为，构成犯罪的，依法追究刑事责任。

实施间谍行为，有自首或者立功表现的，可以从轻、减轻或者免除处罚；有重大立功表现的，给予奖励。

第三十八条　本法所称间谍行为，是指下列行为：

（一）间谍组织及其代理人实施或者指使、资助他人实施，或者境内外机构、组织、个人与其相勾结实施的危害中华人民共和国国家安全的活动；

（二）参加间谍组织或者接受间谍组织及其代理人的任务的；

（三）间谍组织及其代理人以外的其他境外机构、组织、个人实施或者指使、资助他人实施，或者境内机构、组织、个人与其相勾结实施的窃取、刺探、收买或者非法提供国家秘密或者情报，或者策动、引诱、收买国家工作人员叛变的活动；

（四）为敌人指示攻击目标的；

（五）进行其他间谍活动的。

3.《中华人民共和国军事设施保护法》

第二条　本法所称军事设施，是指国家直接用于军事目的的下列建筑、场地和设备：

（一）指挥机关，地面和地下的指挥工程、作战工程；

（二）军用机场、港口、码头；

（三）营区、训练场、试验场；

（四）军用洞库、仓库；

（五）军用通信、侦察、导航、观测台站，测量、导航、助航标志；

（六）军用公路、铁路专用线，军用通信、输电线路，军用输油、输水管道；

（七）边防、海防管控设施；

（八）国务院和中央军事委员会规定的其他军事设施。

前款规定的军事设施，包括军队为执行任务必需设置的临时设施。

第四条　中华人民共和国的所有组织和公民都有保护军事设施的义务。

禁止任何组织或者个人破坏、危害军事设施。

任何组织或者个人对破坏、危害军事设施的行为，都有权检举、控告。

第四十六条　有下列行为之一，构成犯罪的，依法追究刑事责任：

（一）破坏军事设施的；

（二）盗窃、抢夺、抢劫军事设施的装备、物资、器材的；

（三）泄露军事设施秘密的，或者为境外的机构、组织、人员窃取、刺探、收买、非法提供军事设施秘密的；

（四）破坏军用无线电固定设施电磁环境，干扰军用无线电通讯，情节严重的；

（五）其他扰乱军事禁区、军事管理区管理秩序和危害军事设施安全的行为，情节严重的。

注：《全民国家安全教育典型案例及相关法律规定》发布时间为2019年4月15日，截至2023年11月，所涉法律均已作过修订或修正，不一致的请参见现行有效法律。

最高人民检察院发布十起检察机关文物和文化遗产保护公益诉讼典型案例①

（2020年12月2日）

目　录

---

① 参见《检察机关文物和文化遗产保护公益诉讼典型案例》，最高人民检察院网，https：//www.spp.gov.cn/xwfbh/wsfbt/202012/t20201202_487926.shtml#2，访问时间2023年10月31日。

5. 江苏省无锡市滨湖区人民检察院督促保护薛福成墓及坟堂屋行政公益诉讼案

6. 山西省左权县人民检察院督促保护八路军杨家庄兵工厂旧址行政公益诉讼案

7. 江西省龙南市人民检察院督促保护客家围屋行政公益诉讼案

8. 上海市虹口区人民检察院督促保护优秀历史建筑德邻公寓行政公益诉讼案

9. 浙江省嵊州市人民检察院督促保护中共浙江省工作委员会旧址行政公益诉讼案

10. 湖北省恩施市人民检察院督促保护崔家坝镇鸦鹊水村滚龙坝组传统村落行政公益诉讼案

案例一 新疆维吾尔自治区博乐市人民检察院诉谢某某等9人盗掘古墓葬刑事附带民事公益诉讼案

【关键词】

刑事附带民事公益诉讼 盗掘古墓葬 委托评估 回填修复

【要旨】

违法行为人构成妨害文物管理罪相关罪名，并对文物造成实际损害，检察机关依法对其提起刑事附带民事公益诉讼，要求其承担文物修复责任并公开赔礼道歉。

【基本案情】

2019年10月，谢某某提供作案工具及车辆，与杨某某、李某某等8人共同盗掘乌图布拉格土墩墓（第六批自治区级文物保护单位）。后因盗洞塌方渗水，盗掘行动被迫停止。经新疆维吾尔自治区文物考古研究所认定，盗掘人员采用掏挖盗洞的方式进行盗掘，盗洞深处已达墓葬封堆中下部位置，接近墓室，盗掘行为已对墓葬本体造成了严重破坏。

【调查和诉讼】

新疆维吾尔自治区博乐市人民检察院（以下简称博乐市院）在审查谢某某等 9 人涉嫌盗掘古文化遗址、古墓葬罪一案时，发现上述 9 人盗掘古墓葬的行为可能损害社会公共利益，遂将该案线索移送至公益诉讼检察部门审查。

为确定盗掘行为对古墓葬造成的损害价值，博乐市院委托自治区文物考古研究所进行现场勘察、评估修复费用，该所出具《关于博乐市乌图布拉格 1 号墓群（乌图布拉格土墩墓）被盗墓葬现场勘察报告》，确定墓葬盗洞深处已达墓葬封堆下中部位置，已接近墓室，盗掘行为已对墓葬本体造成了严重破坏；结合新疆伊犁地区同类型土墩墓的发掘工作，初步判断被盗乌图布拉格土墩墓所属年代为战国至汉代时期，从墓葬规模来看，其体量巨大，等级较高；依据国家文物局《考古调查、勘探、发掘经费预算定额管理办法》等相关法律法规规定，被盗挖区域盗洞回填修复费用为人民币 44592.24 元。

2020 年 5 月 22 日，博乐市院决定对谢某某等 9 人盗掘古墓葬违法行为以刑事附带民事公益诉讼立案审查，并于同日在国家级媒体发布公告，公告期满后，未有法律规定的机关和社会组织提起诉讼。同年 6 月 22 日，博乐市院向博乐市文旅局发出征询函，征询其是否对谢某某等 9 人提起诉讼。该局书面回复尚不具备起诉能力，请博乐市院按照法律赋予的公益诉讼职责提起刑事附带民事公益诉讼。

2020 年 9 月 7 日，博乐市院向博乐市人民法院提起刑事附带民事公益诉讼，请求依法判令刑事附带民事公益诉讼被告人谢某某等 9 人承担乌图布拉格 1 号墓盗洞回填修复费用 44592.24 元，并通过国家级媒体向社会公众赔礼道歉。

2020 年 9 月 9 日，博乐市人民法院公开开庭审理了本案。庭审中，公诉人及公益诉讼起诉人出示、宣读了本案的被告人供述、证人证言、自治区文物考古所出具的《关于博乐市乌图布拉格 1 号墓群（乌图布拉格土墩墓）被盗墓葬现场勘察报告》等证据，证明了被告人谢某某等9人盗掘古墓葬的犯罪行为破坏了古墓葬的完整性，改变了古墓葬内文物的原有保存环境，不利于古墓葬内文物的继续保存，侵害社会公共利益的事实。被告人谢某某等9人当庭认罪悔罪，并将44592.24元盗洞回填修复费用交至博乐市人民法院账户。9月10日，9名刑事附带民事公益诉讼被告人在国家级媒体上发布赔礼道歉公告。9月24日，博乐市人民法院依法判令谢某某等9名被告人犯盗掘古墓葬罪，判处有期徒刑及罚金，并全部支持了检察机关提出的附带民事公益诉讼请求。

2020年10月13日至16日，博乐市文旅局使用刑事附带民事公益诉讼被告人缴纳的盗洞回填修复费用，在自治区考古所专家现场指导下，对乌图布拉格土墩墓进行回填修复，并在古墓葬周围立起围栏及标识。

【典型意义】

盗掘古墓葬严重危害文物安全。本案中，违法行为人盗掘古墓葬致使墓葬受到严重破坏，检察机关追究其刑事责任的同时，对其提起民事公益诉讼，并委托文物考古研究机构出具勘察报告，准确确定其修复责任和费用，在惩治犯罪的同时，保证被破坏文物得到有效、专业的修复，为民事公益诉讼制度在文物保护方面的应用提供了有益样本。

案例二　陕西省府谷县人民检察院督促保护明长城镇羌堡行政公益诉讼案

【关键词】

行政公益诉讼诉前程序　长城遗址保护　政府主体责任　综合治理

【要旨】

针对政府组织的工程施工导致的文物受损问题，检察机关通过公益诉讼职能督促地方政府严格履行文物保护主体责任，在推动城市建设的同时，注重对文物的依法保护。

【基本案情】

镇羌堡位于陕西省府谷县新民镇新民村，为省级文物保护单位，始建于明成化二年（1466 年），是府谷长城线上最南端的一个军事战略防御重镇。2019 年 4 月，府谷县新民镇政府未经文物管理部门审批，经招标投标，由榆林市汇泉盛建设公司在镇羌堡内进行 5 段步行道路混凝土基础和 4 条防洪排污管网铺设的施工建设。该路基和防洪排污管线建设同时穿过了镇羌堡的保护范围和建设控制地带。因施工单位未对镇羌堡鼓楼周围采取围挡措施，致使鼓楼墙体被水泥泥浆污染，墙角部分砖块脱落，城墙下堆积了大量的建筑垃圾。

【调查和督促履职】

2019 年 6 月，府谷县人民检察院（以下简称府谷县院）在官方微信公众号平台收到群众举报线索和照片，称"镇羌堡遭到破坏"。该院经实地勘查，无人机航拍取证，调取文物档案，以及询问镇羌堡内居民、施工工人、新民镇政府工作人员后查明了公益受损事实。2019 年 7 月 4 日，府谷县院依法分别向新民镇政府、县文化和旅游文物广电局（以下简称县文旅局）发出诉前检察建议，建议对在明长城镇羌堡保护范围、建设控制地带内施工建设的违法行为依法履行监督管理职责，保护文物安全。

收到检察建议后，新民镇政府立即停止施工，撤出所有施工机具，清理施工现场建筑垃圾，对文物本体采取围挡保护措施，成立了镇文物安全工作领导小组，对辖区内文物进行了安全隐患排查整治。府谷县文旅局发出了责令整改通知书，对停工后路面留下的检查井口、排污口和管涵（注：埋在地下的排污、排洪、自来水管道）采取了临时防护措施；委托文物勘探工作队等部门编制了《文物保护方案》《文物影响评估》等，邀请专家评审论证，现已按照陕西省文物局批准方案完成整改。同时，府谷县文旅局对全县文物和长城遗址点段进行排查摸底，梳理出隐患点段 16 处；与新民镇政府对镇羌堡城墙附近、堡内生活垃圾和建筑垃圾进行了清理。

为进一步加强长城及其附属设施的保护和管理，府谷县政府于 2019 年 6 月 26 日召开专门会议，决定建立由县文旅局包片、文管办包镇、长城保护工作站包线、群众文保员包点、镇政府包辖区的网格化文物安全和长城保护管理体系。确立了长城保护政府主导和"属地管理"，文物行政部门承担监管责任，基层文管所等长城点段实际管理者承担直接责任的常态化文保管理机制。同时建立长城巡查保护长效机制，一方面加大文物巡查保护经费投入，加强长城巡查保护工作；另一方面加强文物保护执法力度，与基层派出所在重要节点处设立文物保护警务室。

2019 年 10 月份，府谷县院对案件开展跟进监督，确认镇羌堡鼓楼和镇羌堡城墙墙体被污染的部分已恢复原貌，堡内建筑垃圾和生活垃圾已清理干净。2020 年 5 月，府谷县院与县文旅局联合开展"长城文化遗产"保护公益诉讼专项行动，就辖区内长城遗址保护范围或建设控制地带内存在的垃圾堆放、违建房屋、电力移动等部门在长城红线内设立的信号塔、煤矿采空导致长城塌陷、铺设开挖高位水池排水管道、未设立保护标志和界碑等问题共发出检察建议 14 件，督促相关行政机关安装长城保护标志石碑 45 块、保护说明牌 80 块、石质界桩 120 根，拆除长城红线内违建房屋 5 间、厕所 1 处，对需要抢险加固维修的镇羌堡、守口墩烽火台立项申报，对因煤矿采空影响长城遗址安全的 2 个煤矿采取地面监测、留设保安煤柱等方式监测，以确保长城遗址的安全。

【典型意义】

长城是中国古代规模浩大的军事防御工程，具有独特的历史、艺术和科学价值，系中国首批入选的世界文化遗产，是中华民族的代表性符号和中华文明的重要象征。本案中，政府组织相关单位进行公共基础设施建设施工过程中，未依法对长城遗址采取必要的保护措施，导致文物受损，检察机关通过公益诉讼职能督促地方政府严格履行文物保护主体责任，促进城市建设和文物保护利用协调发展。

案例三　甘肃省敦煌市人民检察院督促保护敦煌莫高窟行政公益诉讼案

【关键词】

行政公益诉讼诉前程序　世界文化遗产保护　圆桌会议　协同多部门履职

【要旨】

文物保护需要协同环境、资源、安全等相关领域系统开展。检察机关发挥公益诉讼协同优势，以召开圆桌会议等形式，推动多部门共同履职，形成文物保护合力，促进文物保护与地方经济发展协调推进。

【基本案情】

甘肃敦煌莫高窟是世界文化遗产，全国重点文物保护单位。1996 年至今，敦煌三危山下莫高窟建设控制地带内，敦煌市敦盛石业开发有限公司等 5 家石料厂和砂矿违反文物保护禁止性规定，在作业过程中炸山采石，乱挖乱堆，破坏山体形貌，生产作业产生的粉尘对莫高窟的生态环境、景观形象和文物安全造成危害隐患，同时对周边居民的生活环境、身体健康也造成极大困扰。其中 4 家石料厂采矿许可证、安全生产许可证和环评手续齐全，且完成环保自主验收。另 1 家建筑用砂矿未取得安全生产许可证、未完成环保自主验收。

2016 年以来，甘肃省酒泉市生态环境局敦煌分局针对 4 家石料厂未采取有效控制、减少粉尘排放措施，未安装污染防治设施和破碎生产线等问题，多次督促整改，并采取行政罚款、责令停止生产等行政措施。敦煌市应急管理局对 4 家石料厂未按要求设置安全防护设施、未进行安全教育培训和使用淘汰工艺等不符合安全生产的行为，亦多次采取下达安全生产执法文书、作出行政罚款、责令限期整改等行政措施，但违法行为始终未得到有效遏制。

【调查和督促履职】

2019 年 11 月，酒泉市人民检察院将群众举报的该案线索交敦煌市人民检察院（以下简称敦煌市院）办理。敦煌市院通过走访调查、征询意见、调取证据、查阅资料等方式查明，涉案 4 家石料厂及 1 家砂矿均设在莫高窟建设控制地带范围之内，石料厂和砂矿在长期生产作业过程中对莫高窟及周边环境产生不利影响，严重违反文物保护相关法律法规，损害了国家利益和社会公共利益。由于该案涉及负有行政监管职责的部门较多且存在职能交叉，敦煌市院于 2020 年 1 月 15 日采取公开宣告的方式分别向负有直接监管责任的敦煌市文体广电和旅游局、敦煌市自然资源局、敦煌市应急管理局、酒泉市生态环境局敦煌分局等 4 家行政单位发出诉前检察建议，要求各单位依据职责对敦煌莫高窟建设控制地带内设置的石料厂和砂矿履行监督管理职责，对石料厂采用的爆破、挖掘作业等活动责令停止，并进行限期治理和拆迁整改，尽快消除文物和环境安全风险隐患，确保莫高窟文物安全及周边环境和山体形貌免遭破坏。

2020 年 3 月 13 日，4 家行政单位对检察建议进行了书面回复，由敦煌市自然资源局牵头制定《敦煌市三危山下石料厂关闭退出工作实施方案》，确定在 2020 年 8 月 31 日之前对石料厂全面停工停产，12 月 31 日之前完成拆除搬迁和地形地貌及周边环境恢复治理。各相关行政单位在整改期间，依据各自职责，分工负责、相互配合，共同做好监管工作，按期完成石料厂关闭退出工作。为进一步督促各行政单位依法履职，严格按照方案的目标要求、完成时限和具体措施整改落实到位，2020 年 4 月 25 日，敦煌市院组织召开落实整改圆桌会议，省市文物部门、敦煌市政府、敦煌研究院和市自然资源局等相关单位以及人大代表、政协委员 20 余人参加，共同协商解决石料厂关闭退出相关事宜，助力莫高窟文物和三危山景区环境保护。8 月底，4 家石料厂已全部停工停产，如期完成了第一阶段的整改任务。截至 2020 年 11 月，酒泉市自然资源局已委托第三方对石料厂剩余矿产资源量进行核实，重新划定了矿权范围，正在依法办理出让手续。目前，1 家石料厂的设施已搬迁完毕，3 家石料厂已联系好搬迁地点，搬迁的相关事宜正在协调当中，其他后续工作正在有序推进。

【典型意义】

敦煌市文物资源丰富，有"千佛洞"之誉的莫高窟石窟作为世界文化遗产具有极为重要的历史文化研究价值。习近平总书记曾专门指示，要加强对莫高窟的保护和研究。本案是全省检察机关与文物部门联合开展"国有文物保护检察公益诉讼专项监督活动"取得的成果。本案文物安全隐患形成原因复杂，所涉监管部门多、职责不清，且涉及多家民营企业经营活动。检察机关发挥公益诉讼职能，协同多部门出台共同遵循和执行的文物保护方案，在推动国有重点文物保护的同时也保障了地方民营经济的绿色发展。

案例四 福建省晋江市人民检察院督促保护安平桥文物和文化遗产行政公益诉讼案

【关键词】

行政公益诉讼诉前程序 文物和文化遗产保护 非遗活态传承 诉前圆桌会议 跨域协作

【要旨】

保护文物应当同时加强对文物承载或关联的文化遗产包括非物质文化遗产的协同保护。检察机关回应华侨、台胞关切，发挥行政公益诉讼诉前圆桌会议作用，推动多部门联动执法、协同治理，破解文物保护及非物质文化遗产传承保护难题。

【基本案情】

"泉州：宋元中国的世界海洋商贸中心"是 2020 年中国唯一申遗项目①，全国重点文物保护单位安平桥是该申遗项目中重要组成部分。安平桥横跨泉州晋江、南安两地，是世界上中古时代最长的梁式石桥，也是中国现存最长的海港石桥。因经年累月风沙侵蚀，桥墩、桥板、渡头石出现不同程度的损害。邻近村民擅排污水，致安平桥周边污水横流、水体发臭，传统风貌遭到破坏。当地"嗦啰嗹""掠鸭"非遗项目与民众生活融合不够，导致闽南民俗文化面临传承危机。

【调查和督促履职】

2018 年 11 月，台湾团部分全国人大代表视察安平桥时，呼吁对该文物及其周边生态文化环境开展综合治理、协同保护。为此，福建省晋江市人民检察院（以下简称晋江市院）依托"驻安平桥景区检察工作室"加强对安平桥及周边生态环境的巡查，发现安平桥部

---

① 2021 年 7 月 25 日在中国福建福州举办的第 44 届世界遗产大会上，"泉州：宋元中国的世界海洋商贸中心"被批准作为文化遗产列入《世界遗产名录》。

分桥墩下沉，存在塌陷风险；当地"嗦啰嗹""掠鸭"等非遗项目与民众生活融合较少，传统文化面临传承危机；安平桥周边水体发臭等问题，影响人民群众的获得感、幸福感、安全感，可能损害社会公共利益。为督促解决这些问题，该院决定立案审查，启动行政公益诉讼诉前程序。

本案文物保护和非物质文化遗产传承工作涉及晋江、南安两地多部门跨域协作问题。为此，晋江市院联合侨台外事、文旅部门、属地政府等部门召开诉前圆桌会议 3 次，邀请人大代表、侨联代表列席 6 人次，邀请文保专家、环保专家到场指导 10 人次，现场巡查督促 5 次，多次深入安平桥周边村镇，走访非遗项目传承人，了解当地的历史文化、风土人情。经过对安平桥的文物修缮、周边污水整治、非遗项目传承等方面充分论证，2019 年 5 月，晋江市院向该市文化和旅游局、安海镇政府发出诉前检察建议，督促依法履职。各相关监管部门按照检察建议要求，各司其职，各尽其责：晋江市文旅部门组织编制安平桥等文物的修缮方案并积极向上申报；安海镇政府将"嗦啰嗹"等非物质文化遗产项目与当地的元宵、端午、中秋民俗完美结合，在安平桥生态公园组织开展丰富多彩的节庆活动，增进群众对非物质文化的认同感和参与感；水利、生态等部门联合推进安平桥周边污水管网纳入市政管理工作。目前，晋江市投入 200 余万元对安平桥涉危桥墩抢险加固，投入 300 万元对黑臭水体进行整治，并预算追加 2200 万元用于安平桥地质资料勘探监测和主体修缮、周边城市管网铺设和安海湾水域整治及开展"嗦啰嗹"等非遗项目传承活动。

经各相关部门协同联动，截至 2020 年 11 月，安平桥桥墩已完成加固，渡头石周边垃圾全部清理，水体监测 COD（Chemical Oxygen Demand，化学需氧量）值持续下降，安平桥主体修缮项目稳步推进，三大传统节庆民俗活动开展如火如荼，被妥善保护的古桥与碧海相映成趣，呈现出鸥鸟群嬉、海天一色的美好景象，获得了人大代表、海内外乡贤和当地群众的一致好评。

【典型意义】

安平桥是全国首批重点文物保护单位之一，拥有悠久的历史和深厚的文化底蕴，承载着灿烂的海丝文化，寄托着两岸民间守望相助的情怀。检察机关回应公众关切，通过诉前圆桌会议推动多部门联动执法、协同治理，不仅注重保护文物本身，还督促治理文物周边生态环境，推动非物质文化遗产传承保护，深度挖掘安平桥及其周边立体、多元、丰富的人文、生态、产业、公益价值，营造了文物和文化遗产保护共建共治共享的良好局面。

案例五　江苏省无锡市滨湖区人民检察院督促保护薛福成墓及坟堂屋行政公益诉讼案

【关键词】

行政公益诉讼诉前程序　古建筑保护　无人机取证　长效机制

【要旨】

检察机关运用诉前检察建议督促相关行政机关依法履职，修复被毁坏的古建筑，同时加强类案监督和源头治理，发挥检察一体化职能推动地方政府出台加强文物保护的规范性文件，为防控同类侵害危险提供依据。

【基本案情】

薛福成墓及坟堂屋位于江苏省无锡市滨湖区军嶂山东麓的龙寺生态园内，属于国家级太湖风景名胜区无锡梅梁湖核心景区，2003年6月被核定为市级文物保护单位。然而，薛福成墓坟堂屋内，部分场地杂草丛生，堆放有大量树枝、草秆及其他废旧物品，屋顶已损毁缺失约四分之一，并压有类似彩钢瓦的大块杂物；坟堂屋保护范围内南面第一排建筑被改建为茶叶加工厂，厂房内放置有加工设备，厂房后侧有三根排污烟囱；厂房将薛福成墓与坟堂屋完全隔断，并将坟堂屋完全封闭在厂房后侧，文物原状及历史风貌受损严重。

【调查和督促履职】

2018 年 6 月，无锡市滨湖区人民检察院（以下简称滨湖区院）接到文物保护爱好者举报后立案审查。承办检察官多次前往现场实地勘察，对照文物基本资料，确定文物保护单位遭到损毁的实际情况。运用无人机技术对被封闭的坟堂屋整体状况及内部情况进行了拍摄，固定其遭受破坏的证据。对比谷歌地图历史图像以及航拍图片，发现茶叶加工厂房为 2013 年下半年占用部分庭院新建，该行为发生在坟堂屋被列入市级文物保护单位之后。经调查核实确定了两方面问题：一是该茶叶加工厂厂房建设未经审核，违反了太湖风景名胜区规划要求；二是在坟堂屋保护范围内擅自建造与文物保护无关的厂房，违反了文物保护法律规定。

为切实保护薛福成墓及坟堂屋历史文物和风景名胜区，滨湖区院于 2018 年 7 月 17 日、20 日分别向滨湖区文化体育和旅游局、无锡市市政和园林局发出诉前检察建议，建议两单位对案件中存在的问题依法处理，并建议滨湖区文化体育和旅游局在全区范围内排查、整改文物保护工作中存在的问题。

无锡市市政和园林局收到检察建议后，即组织人员开展现场调查，核实薛福成墓及坟堂屋建筑全部位于梅梁湖景观规划核心景区范围内，茶叶加工厂属无锡龙寺生态园有限公司的违法建设，违反了《江苏省太湖风景名胜区条例》第十九条的规定，遂对该公司作出罚款 20 万元并责令其在六个月内拆除违法建设的行政处罚。2019 年 6 月，无锡龙寺生态园有限公司按要求缴纳了罚款并拆除了违法建设。

滨湖区文化体育和旅游局收到检察建议后，立即会同市局有关专家、设计单位人员赴当地街道现场实地查看情况，结合目前使用情况及有关专家意见建议，委托具有文物修缮资质的设计单位编制了修缮设计方案，报上级单位审批同意后组织实施。2020 年 8 月，坟堂屋修缮工程竣工并通过验收，坟堂屋重新向社会公众展现其历史风貌。

在本案基础上，滨湖区院开展了类案排查，发现无锡市人民政府自 1983 年至 2016 年陆续公布了五批 379 个市级文物保护单位名录，但一直未公布实际已划定的市级文物保护单位的"两线"（保护范围及建设控制地带）范围，导致文物部门执法缺少关键依据，滨湖区院遂提请无锡市检察院向无锡市人民政府进行书面报告。最终，促成无锡市人民政府 2018 年 12 月 10 日出台《关于公布无锡市文物保护单位和文物遗迹控制保护单位保护范围及建设控制地带的通知》，对全市 275 处文物保护单位、文物遗迹控制保护单位的保护范围及建设控制地带，进行了具体、明确划分，并形成图纸，在全市公布。

【典型意义】

薛福成墓及坟堂屋是无锡著名历史名人墓地，是反映地方历史文化习俗的重要文物。检察机关针对文物受损情况督促行政机关依法履职，使破坏风景名胜区的违法建筑得以拆除，受损文物得以修缮。在个案办理中注重挖掘文物保护中存在的根本性、源头性问题，并利用科技手段发现了辖区内大量文物的"两线危机"，发挥检察一体化机制优势，推动市级政府出台规范性文件，为本地文物管理和执法工作补强了依据和标准。

案例六　山西省左权县人民检察院督促保护八路军杨家庄兵工厂旧址行政公益诉讼案

【关键词】

行政公益诉讼诉前程序　革命文物保护　脱贫攻坚　跟进监督

【要旨】

针对不可移动文物面临的拆迁灭失风险，检察机关积极督促行政机关依法履职，在保障脱贫攻坚工作顺利进行的同时，保护好文物安全。

【基本案情】

八路军杨家庄兵工厂旧址位于左权县芹泉镇芹泉村杨家庄自然村，该兵工厂始建于 1937 年底，是抗日战争时期八路军在太行山区较早建立的兵工厂，老一辈无产阶级革命家朱德、彭德怀、罗瑞卿等曾亲临此处指导工作，是左权县迄今保存形制较为完整的革命遗址。2019 年 9 月，兵工厂旧址被左权县文物局确定为"左权县不可移动文物"。按照 2018 年 12 月制定的扶贫方案，杨家庄村作为深度贫困村被左权县确定为 32 个脱贫攻坚整体搬迁村之一，定于 2019 年底前实施搬迁、拆除，八路军杨家庄兵工厂旧址也在拆除范围，该革命遗址面临重大灭失危险。

【调查和督促履职】

2019 年 11 月，杨家庄村民向左权县人民检察院（以下简称左权县院）反映，该村八路军杨家庄兵工厂旧址即将被拆除。左权县院经初步调查核实，于 11 月 11 日作出立案决定。通过调取有关脱贫攻坚文件、杨家庄兵工厂史志研究资料和文物确定资料，对案件事实进行了认定。鉴于该案涉及脱贫攻坚工作，影响较大，左权县院及时向县委汇报，与县政府沟通，并请示晋中市人民检察院启动一体化办案模式，两级检察机关会同县委、县政府有关人员共同赴杨家庄实地察看，详细听取县文物部门、镇政府及村民代表意见，聘请省级文物专家对该处革命遗址进行了保护必要性论证。2019 年 11 月 14 日，左权县院向该县文旅部门依法发出行政公益诉讼诉前检察建议书，建议其采取措施，依法全面履行监管职责，对八路军杨家庄兵工厂旧址进行有效保护。

发出检察建议后，左权县院持续跟进监督，推动形成"文物保护范围内人走房留、移民搬迁政策继续享受"的解决方案。在落实整改过程中，左权县文化和旅游局多次召开专门会议研究制定保护方案，并向上级文物部门申报文物保护单位，申请专项维护修缮经费，聘请专家组对杨家庄村发展红色旅游进行整体规划。2020年6月，山西省文物局确定八路军杨家庄兵工厂旧址为山西省第六批省级文物保护单位，目前700万元专项修缮资金中的100万元已先期到位，文物保护修缮一期工程开工实施，已有4处院落完成修缮。同时，左权县文旅部门以"杨家庄八路军兵工厂旧址"为依托，集中打造德育基地和太行军工研学基地。

【典型意义】

本案所涉文物是珍贵的红色文化遗产和我国军工发展的重要见证。检察机关充分发挥公益诉讼检察职能，在服务打好脱贫攻坚战的同时，积极助力文物部门加强对革命文物的保护，不仅使文物免于拆除灭失的命运，还与文物部门共同推动将其升级为省级文物保护单位，进一步发挥其在红色文化传承教育方面的积极作用。

案例七　江西省龙南市人民检察院督促保护客家围屋行政公益诉讼案

【关键词】

行政公益诉讼诉前程序　传统建筑保护　文化传承　综合治理　长效机制

【要旨】

检察机关针对传统建筑安全问题，以地方性法规为监督依据，保障法律统一正确实施，并以个案监督推动对辖区内该类传统建筑的整体和长效保护。

【基本案情】

赣南客家围屋是赣南客家人聚族而居建设的特色民居，是"中国五大特色民居建筑"之一，被誉为"东方的古罗马城堡""汉晋坞堡的活化石"。然而，龙南围屋多为土木结构建筑，除得到旅游开发保护的关西新围外，其他围屋均年久失修，保护现状堪忧，不同程度存在自然破损和人为破坏情况，有较大安全隐患，主要表现为：一是围屋部分墙体倒塌、梁架塌陷；二是围屋周边堆放柴火，电线乱搭乱接，且使用明火生产生活，消防安全设施不齐全、过期或报废；三是文物保护标志被损毁、移动或掩盖；四是文物保护范围内或建设控制地带存在违规建房、破坏围屋历史风貌等现象。

【调查和督促履职】

2019年5月，江西省龙南市人民检察院（以下简称龙南市院）以贯彻落实《赣南客家围屋保护条例》为契机，针对地方人大代表交办的"里仁镇渔仔潭围和沙坝围无人管理，有安全隐患，希望检察院加强公益保护"线索，对客家围屋保护公益诉讼案立案调查，组织对渔仔潭围、沙坝围、关西新围、燕翼围、乌石围五座具有代表性的围屋进行现场调查，通过实地勘查，调取围屋普查、维修、开发、利用资料等方式，收集、固定相关证据，梳理出龙南境内围屋基本情况以及保护监管方面存在的突出问题，于2019年7月向龙南市文化广电新闻出版旅游局发出行政公益诉讼诉前检察建议书，并以公开宣告的方式送达，建议其依法履行赣南客家围屋保护监管职责，及时制止破坏、损毁赣南客家围屋的违法违规行为，限期维修，并依法追究相关责任人的法律责任。

检察建议发出后，龙南市院主动与行政机关沟通协调，多次到围屋维修整改现场，协商落实具体整改措施，并邀请人大代表、人民监督员、周边群众等参与整改成效评估。同时，龙南市院向龙南市委、市人大常委会专题报告案件情况，引起市委书记高度重视，促成市人大常委会组织专题调研，推动围屋保护工作。龙南市院还结合当地"全域旅游"战略，向市委市政府建议将多座具有保护和利用价值的客家围屋纳入旅游规划，争取维修资金，加强文物保护。2019年8月，龙南市委常委会议通过了渔仔潭围、沙坝围的旅游综合开发投资计划，维修整改进入施工阶段。

本案的办理推动了行政机关对境内围屋的整体维修、保护、规划、利用工作，创新参与文化遗产保护社会治理新路径，加快推进了龙南境内47座客家围屋保护三年维修计划。龙南市文化广电新闻出版旅游局出台了客家围屋综合安全保护制度和围屋保护针对性管理办法，9处被列入国家或省级文物保护单位的围屋所在乡镇、村均成立了文物管理理事会、安全巡查自治组织等围屋保护民间组织，实现了对围屋保护的社会化、常态化。龙南市社会各界对客家围屋的保护意识显著增强，并于2019年9月成功举办了龙南市第三届旅游文化节"客家围屋高峰论坛"，客家文化得以更好传承和传播。

【典型意义】

赣南客家围屋是研究和见证客家文化的重要载体和渊源，在中国建筑发展史和传统民间文化传承等方面具有重要地位。检察机关针对客家围屋存在的诸多安全问题，以督促落实地方性法规为契机，与行政机关同向发力推动解决客家围屋保护的方法、标准、资金等难题，完善长效保护机制，充分发挥民间自治组织作用。检察机关在个案案例基础上，主动参与客家围屋保护的综合治理和旅游资源保护开发利用，为党委政府提供决策参考，为当地走出一条符合本地实际的文物保护利用之路贡献了检察智慧。

案例八　上海市虹口区人民检察院督促保护优秀历史建筑德邻公寓行政公益诉讼案

【关键词】

行政公益诉讼诉前程序　优秀历史建筑保护　私有产权　修复整改

【要旨】

优秀历史建筑因违法施工受到损害，检察机关发出行政公益诉讼诉前检察建议，协同促成所有权人依法履行修缮职责，保护城市历史风貌。

【基本案情】

德邻公寓原产权人为上海鸿镁物业发展有限公司（以下简称鸿镁公司），2015年6月18日，鸿镁公司将其名下的德邻公寓一至二层、三至六层分别租赁给上海鸣屹投资管理有限公司（以下简称鸣屹公司）、上海菁悠舍物业管理有限公司（以下简称菁悠舍公司）。随后，鸣屹公司和菁悠舍公司在未经依法申报审批的情况下违法施工，对德邻公寓重点保护部位造成不同程度的破坏。虹口区住房保障和房屋管理局（以下简称虹口房管局）曾在2015年8月25日对产权人鸿镁公司，承租人鸣屹公司、菁悠舍公司出具《责令改正通知书》，要求其立即停止违法行为，并开展修复整改工作。此外，鸿镁公司与鸣屹公司、菁悠舍公司因该违法施工行为发生了房屋租赁纠纷并诉至法院。二审裁判确认鸣屹公司、菁悠舍公司系违法施工，鸿镁公司与两公司的房屋租赁合同也因此被解除。2017年7月，德邻公寓产权人变更为上海摩硕投资有限公司（以下简称摩硕公司）。鸿镁公司与摩硕公司均为私有企业。但产权人、承租人均未对受损的公寓进行修复。

【调查和督促履职】

上海市虹口区人民检察院（以下简称虹口区院）从网络新闻媒

体报道中得知该线索后，于 2018 年 8 月 17 日对该案以行政公益诉讼立案，经调查查明：德邻公寓系上海市第四批优秀历史建筑，属三类保护类别。《上海市历史文化风貌区和优秀历史建筑保护条例》明确规定了各方主体的保护责任。德邻公寓在 2015 年装修过程中，无论是产权人，还是承租人均未履行审批手续。在事实上对德邻公寓的重点保护部位造成不同程度的破坏后，产权人、承租人以及之后的房屋受让人均没有按照规定或承诺对德邻公寓进行修复，违法行为被发现并确认已经长达 3 年时间，优秀历史建筑始终处于受损状态。

虹口区院于 2018 年 8 月 29 日向虹口房管局制发检察建议，建议其依法履行行政监管职责，督促相关责任单位立即启动德邻公寓修复整改方案的编制及审核批准程序，并对修复整改全程进行有效监管，恢复优秀历史建筑原状。虹口房管局收到建议后，即召开专题会议布置整改工作，督促所有权人履行修缮职责及编制修缮方案，完善管理措施。2019 年 5 月 21 日，上海市人民检察院和虹口区院组织全国人大代表至德邻公寓施工现场，对检察建议落实情况跟进监督，了解修缮工程的修复方案及施工进度。2019 年 7 月 10 日，上海市历史建筑保护事务中心组织竣工验收现场会，虹口区院派员参加，确认该工程通过竣工验收，优秀历史建筑得到有效恢复。

【典型意义】

一个城市的历史遗迹、文化古迹、人文底蕴，是城市生命的一部分。德邻公寓作为上海市第四批优秀历史建筑之一，具有较高的艺术和历史人文价值。然而，私有产权优秀历史建筑往往容易由于所有人保护意识不足，出现违法施工、擅自修缮等情形，针对该类优秀历史建筑保护中的高风险与行政监管滞后缺位之间的矛盾，检察机关督促并助力相关部门依法履行职责，发挥兜底和补充作用，加大对城市优秀历史建筑的保护力度。

案例九　浙江省嵊州市人民检察院督促保护中共浙江省工作委员会旧址行政公益诉讼案

【关键词】

行政公益诉讼诉前程序　革命旧址保护　私有产权文物　修缮协议

【要旨】

对于具有重要保护价值的私有产权革命旧址、传统建筑，检察机关通过督促行政机关与文物所有人签订履行修缮协议，既能妥善保护文物和文化遗产公共利益，也可有效维护产权人合法权益。

【基本案情】

中共浙江省临时工作委员会于1938年1月将办公地点设于浙江省嵊县太平乡（今嵊州市长乐镇）沃基村（即现省工委唯一旧址），同年2月，改名为中共浙江省工作委员会（简称"省工委"），同年5月成立中共浙江临时省委，省工委驻地成为新的中共宁绍特委机关办公场所，直至1940年2月。

省工委旧址始建于清道光十六年（1836年），坐北朝南，四合院式庭院，建筑面积1296平方米，受自然、人为等多重因素影响，多处大木构件如柱、梁、桁、枋槽腐朽霉变；屋面走样，局部渗漏；墙体粉层空鼓、剥落；门窗、雕花件残破缺失；部分楼板霉腐和残缺，整体建筑破损情况较为严重，原有的建筑结构与风貌受到严重影响。

【调查和督促履职】

2018年7月，嵊州市人民检察院（以下简称嵊州市院）在开展革命旧址保护专项检察公益诉讼活动中，发现省工委旧址整体建筑损毁程度严重，存在随时倒塌的危险。经调查核实发现，省工委旧址属于古建筑，因建设年代早、体量大，且保存状况较好，又是中共浙江省工委驻地，具有较高的历史、艺术、科学价值，2002年被确定为市级文物保护单位。该旧址部分产权经过交易，现属于十户产权人私人所有。虽然嵊州市文物管理处曾于2015年10月委托有资质的第三方完成省工委旧址修缮工程设计方案，并发函要求嵊州市长乐镇人民政府予以修缮，但该镇政府因产权人修缮意见不统一、修缮资金紧缺以及私人利益与公共利益难以平衡等原因，未能组织实施修缮工作。

2018年11月14日，嵊州市院邀请人大代表、政协委员、人民监督员一同前往长乐镇政府公开送达行政公益诉讼诉前检察建议，建议镇政府尽快与产权人签订修缮协议，组织实施省工委旧址修缮项目，协调文物和民政等部门共同落实修缮资金补助，切实保护文物安全。

2019年1月15日，嵊州市长乐镇政府书面回复检察建议落实情况，该镇已与全部十户产权人达成修缮协议，由长乐镇人民政府出资修缮、以修缮资金置换房屋租金的方式，达成使用权置换方案，镇政府可使用省工委旧址二十年。修缮协议签订后，为助力费用尽快落实，嵊州市院主动争取乡村振兴办、原文化广电新闻出版局（现嵊州市文化广电旅游局）、民政局、财政局等多方支持，并向市委市政府专项汇报，获得市委重视，最终促成修缮经费得以落实。截至2020年10月，浙江省工委旧址修缮项目已完成现场施工，现处于竣工验收阶段。

【典型意义】

本案所涉传统建筑、革命旧址产权虽属私人所有，但其历史文化价值属于公共利益的范畴，依据法律规定该类不可移动文物一般由所有人负责修缮，政府可以给予帮助。针对实践中所有人修缮不及时或无力修缮导致的文物损毁问题，检察机关督促行政机关与文物所有人签订修缮协议，破解保护公益与尊重私有产权人处分权可能冲突等难题。

案例十　湖北省恩施市人民检察院督促保护崔家坝镇鸦鹊水村滚龙坝组传统村落行政公益诉讼案

【关键词】

行政公益诉讼诉前程序　传统村落保护　协同多部门履职

【要旨】

传统村落保护涉及多个行政机关职能，容易出现"九龙治水"难题。检察机关发挥公益诉讼职能，督促并协同相关职能部门依法全面履职，系统推进传统村落总体保护。

【基本案情】

湖北省恩施市崔家坝镇原滚龙坝村（现为鸦鹊水村滚龙坝组）以古建筑群、古墓葬而著名。该村 2007 年被建设部（现为住房和城乡建设部）、国家文物局公布为历史文化名村，2012 年被列入住建部、文化部（现为文化和旅游部）、财政部公布的第一批中国传统村落名录。滚龙坝古建筑群还被列为省级文物保护单位。近年来，该传统村落民居遭受不同程度的损坏，古墓葬群被多次非法盗掘，养殖污染破坏生态环境。

【调查和督促履职】

湖北省恩施市人民检察院（以下简称恩施市院）接到村民举报称滚龙坝村传统民居和古墓葬未得到依法有效保护，遂于 2020 年 5 月 6 日立案调查。办案人员经多次走访当地村民、现场查勘、向行政机关调取证据材料，发现滚龙坝村存在古墓葬破坏、水泥砖房取代民族传统木质瓦房、养殖场直排污水破坏生态环境等违法情形。恩施市院于 5 月 28 日以公开送达的方式向崔家坝镇政府、恩施市住房和城乡建设局、恩施市文化和旅游局发出诉前检察建议，督促在各自的职责范围内依法履职，保护好历史文化名村。

收到检察建议后，各行政机关按照检察建议的内容积极履职。

崔家坝镇政府积极落实主体责任，加强对文物的安全巡查和防护，严格控制违法建房，组织对破损古宅进行专业维护和修缮，制定文物保护方案，加强辖区内污水规范处置，整治环境卫生。恩施市住房和城乡建设局召集相关乡镇传达学习文件精神，编制了滚龙坝传统村落保护规划并积极争取历史文化名村和传统村落保护项目，争取到专项资金用于污水管网的建设。恩施市文化和旅游局加大了文物保护项目和资金的申请力度，积极争取了200万元的专项资金对滚龙坝古建筑群文物进行维修保护，配备了消防、安防设施，同时加强对滚龙坝村古建筑群文物保护工作的规范和指导，编制滚龙坝古建筑群文物保护规划。

在本案的办理过程中，恩施市相关部门开展了统一行动，对全市的历史名村、传统村落和特色村寨进行了全面的排查，制定了保护措施和方案，达到了"办理一案，治理一片"的良好社会效果和法律效果。

【典型意义】

传统村落具有丰富的历史、文化、社会价值，保护好传统村落对于传承民族文化、打好脱贫攻坚战、落实乡村振兴战略具有重要意义。检察机关针对本地传统村落保护存在的突出问题，主动协同住建、文旅、镇政府多部门共同履职，统筹解决了与传统村落保护相关的政策、资金、环境、规划等一系列问题，促成解决个案问题的同时，还推动了对本地区传统村落的总体保护，守护了当地群众的美丽乡愁。

最高人民检察院和退役军人事务部联合发布
十四起红色资源保护公益诉讼典型案例①

（2021 年 6 月 27 日）

目　录

---

① 参见《红色资源保护公益诉讼典型案例》，载最高人民检察院网，https：//www.spp.gov.cn/xwfbh/wsfbt/202106/t20210627_522474.shtml#2，访问时间 2023 年 10 月 31 日。

园军事遗迹行政公益诉讼案

9. 西宁铁路运输检察院　西宁军事检察院督促保护铁道兵英烈纪念设施行政公益诉讼案

10. 福建省晋江市人民检察院督促保护"八·二三"金门炮战遗迹行政公益诉讼案

11. 湖南省平江县人民检察院　长沙军事检察院督促保护中共湘鄂赣省委、省苏维埃政府、省军区旧址革命文物行政公益诉讼案

12. 河北省保定市莲池区人民检察院督促保护"七六"殉难烈士纪念碑行政公益诉讼案

13. 江苏省淮安市清江浦区人民检察院督促保护周恩来童年读书处旧址周边文物行政公益诉讼案

14. 山西省古县人民检察院督促保护岳北军分区驻地旧址行政公益诉讼案

案例一　陕西省志丹县人民检察院督促保护保安革命旧址行政公益诉讼案

【关键词】

行政公益诉讼　革命文物保护　违法建设　撤回起诉

【要旨】

针对未经审批在革命文物建设控制地带内修建房屋严重破坏革命文物历史风貌的情形，检察机关经督促，行政机关仍未依法全面履职的，应当依法提起诉讼。

【基本案情】

保安革命旧址位于陕西省延安市志丹县城北炮楼山麓，1936 年 7 月 3 日至 1937 年 1 月 13 日为中共中央所在地，现有毛泽东旧居、周恩来旧居、中央抗日红军大学和中央政治局会议室等旧址群，共有窑洞 30 孔，占地 4000 平方米。该旧址于 1992 年 4 月被公布为陕

西省重点文物保护单位，2006 年 6 月被公布为全国重点文物保护单位。1985 年，居民臧某某购买了志丹县保安镇位于炮楼山下、保安革命旧址上畔的房屋，建筑面积 78.87 平方米。2008 年，臧某某违法在保安革命旧址上畔（旧址建设控制地带内）修建房屋，建筑面积 386.96 平方米。该房屋位于毛泽东旧居的左上方，直线距离仅 7.65 米，严重破坏了革命文物的历史风貌，影响了革命文物的历史真实性、风貌完整性和文化延续性。

【调查和督促履职】

陕西省志丹县人民检察院（以下简称志丹县院）在寻访保安革命旧址时发现本案线索，于 2020 年 4 月 21 日立案。通过实地勘查、无人机航拍取证、走访调查、查阅资料等方式，查明臧某某修建房屋未取得建设工程规划许可证，且该建筑在保安革命旧址的建设控制地带内。志丹县城市管理执法局（以下简称县城管局）对未取得建设工程规划许可、严重影响城市规划的违章建筑未依法履行监督管理职责。志丹县文化和旅游局（以下简称县文旅局）对在文物保护单位的建设控制地带内进行建设工程，破坏历史风貌的违法行为未依法履行监督管理职责。

志丹县院遂向县城管局、文旅局发出诉前检察建议，建议对臧某某位于保安革命旧址建设控制地带内的违法建筑依法履行监管职责，恢复革命文物原貌。收到检察建议后，县城管局、文旅局将情况上报县政府。县政府成立了由县城管局、住建局、文旅局、社区服务中心、征收办、城投公司等部门单位组成的征收领导小组，由县城管局对保安革命旧址建设控制地带内居民建筑进行全面调查，列入全县棚户区改造范围，并决定对臧某某和排查出的其他两户居民的合法建筑依法进行征收，对违法建筑进行拆除。2020 年 6 月 22 日，行政机关均书面回复称此项工作预计当年 9 月底前完成整改。志丹县院收到回复后持续跟进，并层报上级延安市人民检察院、陕西省人民检察院指导支持，三级院多次联合查看现场，并向相关行政机关调查了解案件进展。

【诉讼过程】

检察机关经跟进调查查明，行政机关虽然制定了整改工作方案，但一直未采取强制措施，书面回复中承诺的履职期限届满后，违章建筑仍未拆除，革命文物风貌持续受到破坏。为推动本案办理进程，陕西省人民检察院于 2021 年 4 月 14 日对本案挂牌督办，并指导志丹县院依据当地法院行政诉讼集中管辖的规定，于 4 月 29 日将案件移送延安市宝塔区人民检察院（以下简称宝塔区院）向宝塔区人民法院提起行政公益诉讼，诉请判令县城管局依法限期拆除保安革命旧址建设控制地带内的违章建筑。

该案起诉后，县城管局于 2021 年 5 月 14 日开始组织拆除，并在拆除后的土地上种植油松 1500 棵、爬山虎 12000 株，提升保安革命旧址的环境风貌。6 月 4 日，在法院主持召开的庭前会议上，县城管局提交了答辩意见和整改情况的相关证据。庭后，宝塔区人民法院、检察院与县城管局共同到现场查看整改情况。宝塔区院经核实认为，县城管局已依法全面履行职责，行政公益诉讼请求已全部实现，于 6 月 11 日撤回起诉。

【典型意义】

保安革命旧址是中国革命的第二个红色首都，是珍贵的革命文物和中国革命伟大历程的重要见证。针对违法建设破坏革命文物风貌的情形，行政机关经督促无正当理由仍不依法全面履职的，检察机关应当依法提起行政公益诉讼。行政机关在判决前依法全面履职，行政公益诉讼请求全部实现，涉案公益得到有效修复的，检察机关可以撤回起诉。

案例二　贵州省人民检察院督促保护刀靶水红色遗址行政公益诉讼案

【关键词】

行政公益诉讼诉前程序　长征文物保护　一体化办案　地方立法

【要旨】

针对红色遗址受到破坏的情形，检察机关发挥公益诉讼协同优势，召开圆桌会议强化诉前磋商，促成地方立法，联合部署专项行动，提升地方红色文化资源保护整体水平。

【基本案情】

贵州省遵义市播州区三合镇刀靶水（以下简称刀靶水）是中央红军长征途中成功阻击敌人进犯、保卫遵义会议胜利召开的重要战斗遗址。但该遗址除立有两块标牌外，没有任何保护标识和设施。遗址内杂草丛生，作战堡垒墙体风化严重，严重破坏了战斗遗址整体风貌。刀靶水历史文化街区全长约 1 公里，除立有"遵义县重点文物保护点刀靶水历史文化街区"牌子外，其余 10 余处红色遗址均未有保护标识。加之多数红色遗存旧址因产权归私人所有，随意拆除、改扩建行为时有发生。遗址年久失修，自然损毁十分严重，许多建筑破败不堪，甚至面临垮塌的危险。

【调查和督促履职】

2020 年初，贵州省人民检察院（以下简称贵州省院）结合长征文化公园建设要求，对遵义革命老区红色遗址进行摸底排查，发现刀靶水红色遗址损毁严重，于 5 月 11 日作为省院自办案件立案调查，成立了由省院检察长傅信平任主办检察官，贵州省院、遵义市检察院、播州区检察院共同参与的联合办案组，启动三级检察院一体化办案机制。办案组通过实地走访、向相关单位调取文史资料、向行政主管部门调取履职情况资料、询问相关当事人、咨询文史专家等方式进行调查取证，详细调查红军长征期间刀靶水红色遗存的范围、产权归属、居住使用、管理保护情况。经调查查明，当地党政部门虽然成立了刀靶水红色文物保护与开发工作领导小组，但未投入足够资金加以保护，保护力度及保护意识不够。相关行政机关没有对刀靶水红色遗址依法设置保护标识，没有对受损的红色遗址进行修复并采取相关保护措施。办案组多次组织遵义市、播州区政府及相关职能部门召开圆桌会议，督促相关单位对刀靶水红色遗址保护依法全面履职。办案组与省文旅厅召开磋商会，研究制定刀靶水红色文物保护方案，经督促，为刀靶水历史文化街区的文物重新安装了保护标识，在三道拐战斗遗址安装了刀靶水阻击战说明牌，19处文物点抢救性修复修缮工作已全部完成。并促成遵义市人大常委会将公益诉讼检察保护红色资源纳入《遵义历史文化名城保护条例（草案）》。

结合本案办理的成功经验，贵州省院与贵州省文旅厅于2020年10月联合部署了《长征国家文化公园贵州重点建设区文物保护专项行动》，贯彻落实中央、省委关于建设长征国家文化公园贵州重点建设区的相关要求，更好地保护长征国家文化公园建设区文物。

【典型意义】

针对革命文物受损问题，贵州检察机关充分发挥公益诉讼法律监督职能，检察长亲自领办，整合省、市、区三级院力量，通过一体化办案，加大与行政机关的沟通协商，推动省、市相关行政执法机关加强对红色资源文化保护力度，促成地方立法和专项整治，发挥了公益诉讼职能在保护红色资源文化方面的积极作用。

案例三　广东省台山市人民检察院　广州军事检察院督促保护鸡罩山散葬烈士墓行政公益诉讼案

【关键词】

行政公益诉讼诉前程序　散葬烈士墓保护　军地协作　烈士身份信息

【要旨】

针对散葬烈士墓管理保护不到位、烈士身份信息资料缺失等问题，军地检察机关充分发挥协作优势，共同督促职能部门依法全面履职，系统修缮散葬烈士墓，全面核查烈士身份信息，维护散葬无名烈士合法权益，捍卫英雄烈士的荣誉和尊严。

【基本案情】

位于台山市川岛镇山咀鸡罩山的烈士墓是 20 世纪五十至七十年代驻川岛某部队为执行国防建设等军事任务中牺牲的战士所设立的。1986 年部队撤离后，台山市川岛镇政府、退役军人事务管理局曾申请将烈士资料及烈士墓移交地方管理，但因部队内部番号调整变更，且清理烈士信息资料涉及军地多个部门，移交管理事宜未有进展，涉案烈士墓地至今无人管理。

【调查和督促履职】

2020 年 5 月，广东省台山市人民检察院（以下简称台山市院）在开展"英烈保护"专项监督活动中发现该线索。台山市院遂依托军地公益诉讼协作机制，联合广州军事检察院（以下简称广州军检院）成立办案组，于 2020 年 7 月 22 日立案，共同展开调查核实。经现场实地勘察，查明鸡罩山约有散葬墓碑 50 座，无名无碑烈士墓冢约 20 座，墓地已被杂草淹没、碑体破损、碑文模糊难认、墓冢遗骨坛部分损毁等。经查，地方政府仅存一份烈士墓资料，简单记载了 36 名烈士的姓名、部队编号等，尚有部分烈士信息不全、身份不明。军地联合办案组认为，该散葬烈士墓管理不到位、烈士身份信息缺失，有损英烈尊严与荣光。

为进一步查明案情，军地检察机关明确了各自调查分工，由广州军检院查找烈士原属部队的后续管理单位，整理收集烈士身份信息，沟通移交地方管理事宜等；台山市院与职能部门研商烈士墓整改修缮事宜。在查明案件事实后，广州军检院和台山市院于2020年7月30日联合向有关职能部门发出诉前检察建议，并组织中国人民解放军某军分区、台山市人武部、台山市退役军人事务局以及相关镇政府召开台山市散葬烈士墓公益诉讼案推进会，军分区向台山市退役军人事务局移交了相关烈士资料，共同商讨了整改方案。会后，与会单位成立鸡罩山烈士墓管理保护工作领导小组，综合协调该处散葬烈士墓资料收集、环境整治、道路修建、墓地建设、设施配套等工作。

目前，烈士墓园原地修缮整改措施已经落实到位，已查明46名烈士的信息资料，其余无名烈士的信息仍在进一步核查中。相关部门已为烈士逐一制作新墓碑，并修建墓地道路、烈士纪念碑、事迹介绍牌及拜祭平台等配套设施，便于烈士家属及群众瞻仰凭吊。下一步，地方政府将深入挖掘英雄烈士的革命事迹，将鸡罩山散葬烈士墓园打造成为台山市爱国主义红色教育基地，让英雄烈士形象更加丰满，让红色基因永不褪色、代代相传。

【典型意义】

回望中国共产党百年峥嵘岁月，留下姓名的英雄被人民永久铭记，但无名英烈也不应被遗忘。检察机关通过办案督促、协同行政机关寻查无名烈士身份信息、完善烈士纪念设施，营造崇尚英雄、缅怀先烈的良好氛围。军地检察机关优化办案协作模式，共同推动完善散葬烈士纪念设施的军地协作管理保护机制，为弘扬烈士精神、传承红色基因贡献军地检察力量和智慧。

案例四 四川省旺苍县人民检察院督促保护木门军事会议纪念馆行政公益诉讼案

【关键词】

行政公益诉讼诉前程序 革命文物消防安全 公开听证 综合治理

【要旨】

针对革命文物存在的消防安全隐患及行政机构改革中行政机关权责不明的问题，检察机关通过公开听证厘清相关行政机关在保护革命文物中的职能职责，让革命文物得以有效保护，同时以点带面开展专项行动，推动出台专门立法，形成红色资源长效保护机制。

【基本案情】

位于四川省旺苍县木门镇的木门寺建于南梁，历经多次毁损与重建，现存建筑为清朝康熙年间所建木结构穿斗式建筑。1933 年 6 月，中国工农红军第四方面军在木门寺召开重要军事会议，史称"木门军事会议"。木门军事会议会址于 2009 年 4 月 28 日更名为木门军事会议纪念馆，2017 年入选全国爱国主义教育示范基地，2019 年入选全国重点保护文物单位。该纪念馆依山而建，周围森林茂密，植被覆盖率高，地表树叶杂草堆积较厚，易引发火灾。纪念馆电线直接在木质建筑上布线，极易引发火灾，且烟感装置不能正常工作，不能感应烟雾；纪念馆虽有灭火器等简单消防设施，但没有防火预案、没有专职消防安全员，消防安全员由纪念馆没有安全管理资质的工作人员兼任。纪念馆一旦发生火灾，将对以木结构为主体的纪念馆以及馆内文物造成破坏性毁损。

【调查和督促履职】

2020 年 7 月下旬，四川省旺苍县人民检察院（以下简称旺苍县院）前往木门军事会议纪念馆走访时发现上述问题，同年 8 月 21 日以行政公益诉讼立案调查。经调查发现，纪念馆有各种革命文物数百件，包括红军石刻标语、徐向前元帅亲笔题写的"木门会议会址"门匾等。对照《中华人民共和国消防法》及《文物建筑消防安全管理十项规定》的有关规定，木门军事会议纪念馆存在重大消防安全隐患，严重威胁纪念馆及馆内文物安全，旺苍县文化旅游和体育局与旺苍县木门镇政府分别对辖区内文物保护有监管职责和主体责任，因当地在基层综合行政执法改革时没有及时理顺职责，相关职能部门职责不明晰，致使木门军事会议纪念馆长期存在消防安全隐患的问题没有得到及时解决。

2020年9月3日，旺苍县院组织召开木门军事会议纪念馆保护公开听证会，邀请县人大、县政协及人大代表和人民监督员参加。检察机关在听证会上出示木门军事会议纪念馆存在消防安全隐患的证据，建议相关部门理顺职能职责，及时采取有效举措保护纪念馆及馆内文物安全。9月10日，旺苍县院向县文化旅游和体育局和木门镇政府公开宣告检察建议，建议两个单位依法全面履职，消除木门军事会议纪念馆存在的消防安全隐患。

旺苍县文化旅游和体育局收到检察建议后，落实安全管理经费5万元，并申报全国重点文物保护单位国家消防设施设备专项经费，对木门会议纪念馆存在的消防安全问题进行整改；木门镇政府收到检察建议后，及时出台《木门会议纪念馆文物安全突发事件应急预案》《关于进一步加强文物保护工作的通知》，建立了木门会议纪念馆定期检查、报告制度，并定期开展消防安全教育培训和消防应急演练，配备了专职安全管理员。在木门军事会议纪念馆消防安全问题得到彻底整治后，相关部门投入720万元实施木门军事会议纪念馆扩建工程和布展改造工程，对红军标语石刻窟檐、崖墓保护设施等进行修缮，并通过艺术化、多媒体展示木门军事会议纪念馆相关史料内容，让红色资源活起来，让红色基因世代传承。办案过程中，旺苍县院将该案情况及时向旺苍县人大及县委县政府、广元市检察院等单位报告，推动旺苍县政府在全县开展红色文物保护专项调研。2020年12月，广元市人大常委会出台《广元市红色革命遗址遗迹保护条例》。

同时，旺苍县院以点带面，走访旺苍红军城（全国现存面积最大、保存最好、遗址点最多的红军遗址群之一）三街二巷原中国工农红军46个党政军领导机关旧址，对红色资源消防安全情况开展调查，对调查发现的红四方面军工农剧团、第三十一军军部遗址存在的消防喷淋系统存在消防安全问题的情况，向相关主管部门发出检察建议，促使相关部门安装集热罩40个，及时消除了旺苍红军城消防安全隐患。

【典型意义】

本案中，检察机关通过公开听证理顺相关职能部门职责，推动木门军事会议纪念馆长期存在的消防安全问题及时得以解决，并以个案办理推动类案监督，在全县开展红色文物专项监督活动，消除旺苍红军城红色文物消防安全隐患，保护了党和国家红色基因库，为广元市人大常委会出台红色革命遗址遗迹保护地方立法贡献检察力量。

案例五　江西省宜丰县人民检察院督促保护熊雄烈士故居行政公益诉讼案

【关键词】

行政公益诉讼诉前程序　烈士故居　革命文物保护利用

【要旨】

检察机关针对革命烈士故居缺乏管理维护产生的损毁风险及安全隐患，在依法督促行政机关履职整改的同时，积极协助解决行政机关履职难点问题，将革命文物保护与乡村建设相结合，推动烈士故居得到有效保护利用。

【基本案情】

熊雄是中国共产党早期的无产阶级革命家，曾任黄埔军校政治部副主任，周恩来离开黄埔军校后实际代表党主持军校政治部的工作。位于江西省宜春市宜丰县芳溪镇的熊雄烈士故居始建于1892年，系一幢具有清代建筑特点的砖木结构民房，占地面积510平方米。熊雄烈士故居于2016年被评为宜春市第四批爱国主义教育基地，2018年被列为省级文物保护单位。由于管理维护不到位，故居存在不同程度的自然破败和人为破坏情况，周边环境脏乱，安全隐患问题突出。

【调查和督促履职】

2019年10月，江西省宜丰县人民检察院（以下简称宜丰县院）在开展文物保护检察公益诉讼专项监督活动中发现，作为省级文物保护单位的熊雄烈士故居存在不同程度的自然破败和人为破坏情况。一是建筑物部分墙体被白蚁侵蚀、有些木墩被蛀空变形，故居内电线乱搭乱接、消防器材不齐全，安全隐患问题突出；二是附属建筑物"培兰书屋"曾遭受火灾，未得到有效修复，破败不堪，面临毁损风险；三是文物保护范围内存在养殖家禽、环境脏乱的情况。宜丰县院随后又通过查阅资料、现场勘验、询问证人等方式，完善固定证据，认为上述问题严重影响了文物保护单位的安全性、完整性、宣传性、研究性，影响了英雄烈士纪念设施的庄严、肃穆，破坏了故居清净的环境和氛围。2019年11月19日，宜丰县院决定对熊雄烈士故居保护不到位问题立案调查。

根据江西省关于文物保护管理的有关规定，宜丰县文化广电新闻出版旅游局（以下简称宜丰县文广新旅局）、宜丰县芳溪镇政府对熊雄烈士故居负有管理保护职责。2019年11月25日，宜丰县院分别向上述两家行政机关发出诉前检察建议，督促其依法全面履职，采取有效措施做好清理、维护熊雄烈士故居卫生环境工作，加强对熊雄烈士故居保护管理措施。

检察建议发出后，宜丰县文广新旅局、芳溪镇政府高度重视，专门成立熊雄烈士故居保护工作小组，负责抓整改落实。宜丰县文广新旅局制定专门整改方案，积极向有关部门争取维修治理资金，对残留建筑进行局部维修，对烧毁部分恢复原貌。芳溪镇政府对故居周围环境进行了全面整治，拆除构筑物 270 平方米，清理周围杂物 500 平方米、垃圾 2 吨，并专门聘请保洁员负责故居的卫生环境清洁工作。

2020 年 4 月 15 日，宜丰县院就检察建议落实情况开展"回头看"，发现熊雄烈士故居的维护工作虽然取得了一定成效，但因资金不到位导致工作进展不理想。为解决行政机关面临的这一难题，宜丰县院积极协调和引导行政机关将熊雄烈士故居所在的下屋村作为秀美乡村建设点之一，结合新农村建设项目协助行政机关向县政府申请资金支持，提升故居所在乡村的基础设施建设水平。宜丰县政府先后拨付 225 万元用于全面改善熊雄烈士故居周边环境和设施维修，并向宜丰县文广新旅局拨付白蚁防治专项款。宜丰县院先后 3 次与宜丰县文广新旅局、芳溪镇政府进行沟通会商，并多次到熊雄烈士故居跟进项目建设情况。

目前，熊雄烈士故居内部修缮维护及周边环境改造一期工程完工，故居正前方新建成了 2000 平方米的熊雄广场，道路及景观工程进一步优化，故居内外环境得到提升。修复后的熊雄烈士故居被列为当地精品"红色走读"路线中的重要一站，党史学习教育开展以来，江西省直机关、宜春市直机关等多个单位组织党员干部前来熊雄烈士故居开展"红色走读"活动，切实发挥了其传承革命烈士精神的重要作用。

【典型意义】

革命烈士故居是中国共产党非凡奋斗历程和共产党人精神谱系的历史见证。检察机关针对革命烈士故居存在的诸多安全隐患及环境问题，依法督促行政机关积极履职，用司法力量强化革命文物保护。同时，持续跟进修复保护工作，积极协助行政机关解决履职中遇到的难题，因地制宜将革命文物保护与秀美乡村建设相融合，加强基础设施建设，提升红色资源保护质效，以实际行动传承红色基因。

案例六　黑龙江省牡丹江市爱民区人民检察院督促保护烈士纪念设施行政公益诉讼案

【关键词】

行政公益诉讼诉前程序　烈士纪念设施　制定保护管理措施
公告施行

【要旨】

对于未核定为文物保护单位的不可移动文物，行政机关未制定具体保护措施的情形，检察机关督促行政机关依法履职，制定相应保护措施并公告施行，填补了区域性烈士纪念设施保护的制度空白。

【基本案情】

黑龙江省牡丹江市爱民区有三处未核定为文物保护单位的不可移动文物。其中，抗日战争暨爱国自卫战争殉难烈士纪念碑始建于1947年，是中华民族自强不息、抵御外侮的民族精神象征，1986年被黑龙江省民政厅公布为黑龙江省重点烈士纪念建筑物保护单位；北山苏联红军烈士纪念碑始建于1954年，是中苏共同抗击日本法西斯侵略的顽强战斗精神与友谊的象征；蔡云翔烈士纪念碑复建于1985年，是中国共产党领导下中国革命精神、空军精神的重要象征。上述三处烈士纪念碑具有较高的文物保护价值，由于历史遗留问题，文物保护部门缺少相应的文物保护制度、公示制度及保护措施，影响全社会共同知晓、理解、参与并监督文物保护工作，致使国家利益和社会公共利益受到侵害。

【调查和督促履职】

2020年7月30日，黑龙江省牡丹江市爱民区人民检察院（以下简称爱民区院）在牡丹江市人民检察院统一部署的文物保护检察公益诉讼专项监督行动中发现该线索，并针对三处烈士纪念碑缺少保护管理措施致使公益受损情况进行立案调查。办案人员通过现场勘验、询问相关行政机关负责人、烈士纪念碑管护单位负责人以及政务查询、网络查询等方式，确认了公益受损事实。根据《中华人民共和国文物保护法》《黑龙江省文物管理条例》的有关规定，牡丹江市爱民区文化广电和旅游局（以下简称爱民区文旅局）作为本地区文物保护行政主管部门，应制定未核定为文物保护单位的不可移动文物的具体保护措施，并公告施行。2020 年 10 月 21 日，爱民区院依法向爱民区文旅局制发诉前检察建议，建议其履行监管职责，对三处烈士纪念碑制定具体保护措施并公告施行。

收到检察建议后，爱民区文旅局立即采取行动，积极调取三处烈士纪念碑的相关资料，查阅相关法规及政策文件，参考其他省市文物保护制度并听取烈士纪念碑管护单位意见。经系统调研分析后，爱民区文旅局形成《抗日战争暨爱国自卫战争殉难烈士纪念碑、北山苏联红军烈士纪念碑、蔡云翔烈士纪念碑保护管理措施（草案）》。爱民区院通过调查问卷、现场座谈会、法治公益课等形式，广泛收集学校、党政机关、社会团体、民间公益组织对于烈士纪念碑管理保护工作相关意见建议，并向爱民区文旅局提出"烈士纪念碑保护管理与爱国主义教育基地、红色资源优势相结合"等意见，均被采纳。

2020 年 12 月 7 日，爱民区文旅局向检察机关书面回复整改情况。经检察机关确认，该局已专门制定《抗日战争暨爱国自卫战争殉难烈士纪念碑、北山苏联红军烈士纪念碑、蔡云翔烈士纪念碑保护管理措施》，并于 2020 年 11 月 27 日在爱民区委宣传部"文明爱民"微信公众平台上公告施行。

【典型意义】

本案中涉及的三处烈士纪念碑作为重要区域性红色文化地标，

具有较高文物保护价值及历史纪念意义。在文物评级上属于未核定为文物保护单位的不可移动文物，在属性上既属于不可移动文物又属于烈士纪念设施。检察机关通过制发诉前检察建议，督促文物保护部门对三处烈士纪念碑制定保护管理措施并公告施行，推动建立完善对具有较高文物保护价值的不可移动文物的保护制度和保护措施，促进区域文物保护治理，提升文物保护的科学性、系统性和规范性，有效防范红色文化资源流失，切实维护了国家利益和社会公共利益。

案例七　浙江省开化县人民检察院督促保护红色革命史迹行政公益诉讼系列案

【关键词】

行政公益诉讼诉前程序　军地协作　诉前磋商　革命史迹系统保护

【要旨】

针对部分革命史迹保护不善问题，军地检察机关加强协作，采用检察建议、磋商协调等多种形式，督促行政主管部门和属地乡镇政府加强保护，推动革命史迹全面系统保护。

【基本案情】

浙江省开化县是全国首批革命文物保护利用片区县、浙江省第一批革命老区县，有革命老区村139个、革命史迹116处。2021年3月，开化县人民检察院（以下简称开化县院）根据浙江省人民检察院的统一部署开展"守护红色军事文化史迹"公益诉讼专项行动，对全县革命史迹进行摸排走访，发现部分革命旧址及散葬烈士墓缺乏日常维护管理，有些甚至年久失修濒于危境。

【调查和督促履职】

2021年3月，中国人民解放军杭州军事检察院（以下简称杭州军事检察院）向浙江省衢州市人民检察院移送了新四军第三支队整编旧址保护不佳线索。衢州市人民检察院将该线索交办至开化县院。2021 年 3 月至 4 月上旬，开化县院组织干警寻访了有代表性的革命遗址、旧址及烈士故居、墓地等 47 处。发现 8 处革命旧址及 4 处散葬烈士墓问题较为严重，亟须修缮保护。如中共闽浙赣省委旧址楼板腐烂、墙体渗水且开裂；霞山钟楼革命遗址受白蚁侵害；红十军团军政会议旧址被堆放垃圾、杂物；红军游击队长张春娜的墓地荒芜、故居部分坍塌。另查明，新四军集结组编旧址是浙江省重点文物保护单位，但保护范围未将新四军第三支队司令部、政治部旧址纳入，新四军第三支队司令部、政治部旧址现仅残留院墙和院门，缺乏有效维护，存在倒塌风险。

2021 年 4 月，开化县院对有明确法律依据属同一行政机关负责的相关问题作 1 件案件立案，对上述 8 处革命旧址具有监管职责的行政机关共立案 11 件。调查期间，开化县院召开红色史迹保护磋商会，浙江省检察院、杭州军事检察院到会指导。开化县院邀请县党史办文献科、新四军历史研究会专家介绍相关革命史迹的故事、蕴含的革命精神及保护的重要意义，与县文化和广电旅游体育局（以下简称县文广旅体局）、住房和城乡建设局（以下简称县住建局）、退役军人事务局等行政部门达成了保护革命史迹共识。2021 年 5 月 10 日，根据革命旧址的性质、损毁程度及保护主体等情形，分别采用检察建议和磋商纪要的形式督促相关行政部门、辖区乡镇（街道）政府依法履职。

县文广旅体局牵头对本次案涉的 3 处革命文物制定修缮保护方案，并对全县 13 处列入文物保护的革命史迹设立了《不可移动文物安全责任公示牌》，新四军第三支队司令部、政治部旧址亦制定保护措施并积极准备文物扩点保护的申报材料；县住建局已对霞山钟楼革命遗址进行白蚁防治，并铺开全县范围内革命旧址白蚁检查；县退役军人事务局对管理不善烈士墓进行修缮并落实日常维护责任，并已规划建设烈士陵园项目；各乡镇政府也对辖区内的革命史迹加强保护，如马金镇政府已将修缮红军游击队长张春娜故居作为当地红色旅游开发建设项目立项，准备建立张春娜陈列馆，并与其墓地、红军洞、练兵场等旧址组合打造成党史教育基地。截至5月底，涉案革命旧址或遗址环境已修复并建立日常管理机制。

开化县院在办案过程中还发现县域内大部分革命旧址为非文保单位，保护利用工作缺乏直接的法律法规依据，资金投入不足、保护制度不全、维修管理不力，据此专门形成《关于全县革命旧址保护情况的报告》报开化县委县政府，并建议由县委县政府出台相关保护革命旧址的文件。县政府采纳了县检察院的建议，拟于近期出台相关保护革命旧址的规定。

【典型意义】

检察机关针对革命文物及革命史迹的不同受损状况、结合行政机关的不同履职情况，采用磋商、检察建议等多种方式，发挥听证程序作用，督促实现革命文物和非文物革命史迹的全面保护。注重以点带面，结合办案提出综合治理建议，提升辖区革命文物整体保护水平。

案例八　新疆维吾尔自治区和硕县人民检察院督促保护马兰红山军博园军事遗迹行政公益诉讼案

【关键词】

行政公益诉讼诉前程序　红色文物保护　"两弹一星"精神
军地共筹保护资金

【要旨】

检察机关针对军事遗迹保护不到位的问题，督促行政机关依法履职，加强红色文物保护，并推动地方和军队共筹保护资金，充分发挥红色教育基地弘扬革命文化、传承红色基因的作用。

【基本案情】

马兰红山军博园位于新疆维吾尔自治区巴音郭楞蒙古自治州和硕县境内，2011 年被列为国家红色旅游项目第二批经典名录，园中的红山核武器试爆指挥中心旧址 2013 年被确定为第七批全国重点文物保护单位。马兰红山军博园内，部分文物保护标志说明牌位置不醒目、字迹不清晰，缺少相应的保护措施标识；将军楼、夫妻楼等建筑物门窗破损严重，内部堆放杂物；文物保护协管员在园内放养牲畜，牛羊粪便遍地，环境脏乱，严重影响其整体历史、科学、红色教育价值。

【调查和督促履职】

2020 年 4 月 21 日，新疆维吾尔自治区巴音郭楞蒙古自治州和硕县人民检察院（以下简称和硕县院）在全区检察机关开展的"文物古迹保护"公益诉讼专项活动中发现上述问题，对马兰红山军博园保护情况进行实地查看后，决定作为行政公益诉讼立案办理。并在进一步调查核实后，于 5 月 2 日向和硕县文化体育广播电视和旅游局（以下简称县文体广电旅游局）发出诉前检察建议，建议对园内受损文物及时修缮保护，清理杂物、整治环境；重新设置文物保护标志说明；加强对文物保护协管员的监督管理；强化日常文物保护管理，增加日常检查巡查力度和频次；建立文物保护长效机制。

县文体广电旅游局收到检察建议后高度重视，立即召开专题会议，积极研究整改方案并迅速落实。一是组织专人负责对马兰红山军博园内环境卫生进行整治，清理杂物，对文物破损处进行修缮维护；二是重新设置文物保护标志说明，增设"严惩蓄意破坏""爱护环境""禁止放牧"等保护标识；三是加强对文物保护协管人员的管理监督，严格考核机制，建立将尽责不到位协管人员与管护薪资挂钩的惩戒机制；四是与政府主管部门协调由所在乡镇政府腾退占用的园内历史遗留建筑；五是安排专人对县域内国家级、区级、县级文物保护单位进行普查调研，撰写调研报告，向县政府申请资金，对县域所有文物保护单位开展补救性保护措施。

2021年3月，和硕县院对整改落实情况开展"回头看"时发现，马兰红山军博园内环境卫生干净整洁，文物标志说明清晰醒目，遗留建筑物得到有效修缮，所在乡镇已腾退因工作占用的园内建筑，各项保护措施相继落实到位。该案引起和硕县党委、政府高度重视，县政府积极与马兰部队进行对接，地方、军队共筹保护资金，由马兰部队针对马兰红山军博园进行实景式景观园建设，共申请资金1.4亿元，目前已到位1亿元，相关工作正在有序进行。

【典型意义】

马兰基地是"两弹一星"的摇篮，是我国重要的军事纪念基地之一，从这里走出了"两弹元勋"程开甲、邓稼先等10位院士和29位将军，留下了诸多国防将领、科学家工作和生活的足迹。马兰红山军博园作为马兰基地的组成部分，见证了"两弹一星"成功研发的宏伟事业，是党史、新中国史的重要组成部分。本案中，检察机关依法履行公益诉讼检察职责，督促行政机关积极整改，并促成军地共筹资金，以实景再现的形式重现"甘做隐姓埋名人，勇干惊天动地事"的峥嵘岁月，大力弘扬"热爱祖国、无私奉献、自力更生、艰苦奋斗、大力协同、勇于登攀"的"两弹一星"精神。

案例九　西宁铁路运输检察院　西宁军事检察院督促保护铁道兵英烈纪念设施行政公益诉讼案

【关键词】

行政公益诉讼诉前程序　铁道兵英烈　公开听证　跨区域协作

【要旨】

铁道兵精神是中华民族的历史记忆和宝贵的精神财富。军铁检察机关分别发挥专门检察院优势，加强跨区划协作，督促行政机关对铁道兵英烈纪念设施依法履行保护管理职责，让铁道兵英烈被人民永远铭记和怀念，让铁道兵精神世代传承。

【基本案情】

青海省天峻县、刚察县烈士陵园内共埋葬有20世纪六七十年代为修建青藏铁路一期牺牲的原铁道兵烈士67位。由于两地均处藏区，受经济发展水平和高原设施维护难度所限，天峻县烈士陵园存在烈士墓保护范围不清晰、周围散落建筑和生活垃圾、墓碑刻录烈士信息不完整等问题，刚察县烈士陵园水泥地面风化严重、焚烧池无警示标志，有人员坠落风险，两处烈士陵园均无专门管护人员，杂草丛生。

【调查和督促履职】

2020年11月，西宁铁路运输检察院（以下简称西宁铁检院）在履行职责中了解到，青藏铁路一期沿线和烈士陵园可能存在牺牲的铁道兵烈士墓未标记生平、亲属无法辨识等问题。因西宁铁检院传统涉铁业务由甘肃省人民检察院兰州铁路运输分院（以下简称兰州铁检分院）同步指导，遂将该线索上报兰州铁检分院。收到该院请示后，兰州铁检分院与西部战区第二军事检察院迅速部署"持续深入推进军铁检察协作、切实维护铁路运输领域军人权益专项行动"，将铁道兵英烈纪念设施保护纳入监督重点，并共同指定西宁铁检院与西宁军事检察院（以下简称西宁军检院）对接办理，两院分别于2020年12月3日、2021年3月22日立案。为准确核实英烈信息，西宁铁检院、西宁军检院多次前往位于陕西省西安市的中国中铁二十局集团有限公司（原铁道兵十师）查阅资料、走访调查，向中铁二十局咸阳项目部健在的铁道老兵询问当时烈士牺牲和埋葬情况，经过五个多月的调查排摸，弄清了青海省内修建青藏铁路一期的铁道兵烈士基本情况。

2020 年 12 月 14 日、2021 年 3 月 26 日，西宁铁检院、西宁军检院分别向天峻县、刚察县退役军人事务局发出行政公益诉讼检察建议，建议两地行政机关依法履行烈士设施保护管理职责，重新调整烈士陵园布局规划；加强烈士陵园环境维护；消除安全隐患；完善烈士信息，让每一位烈士都得到应有尊重和褒扬。

2021 年 3 月 29 日、3 月 30 日，兰州军铁两级检察机关分别在刚察县、天峻县联合召开检察听证会。两县退役军人事务局、部分人大代表、政协委员、退役军人代表、中铁二十局集团公司职工代表和当地藏族群众参加听证，各方一致认可检察机关的监督意见，并结合本地经济环境和民族风俗对整改方案提出意见建议。兰州军铁两级检察院还在清明节前夕，与当地藏族群众共同开展铁道兵烈士祭奠活动，凝聚社会共识，捍卫英烈荣光。

天峻县、刚察县退役军人事务局按照整改方案及时清理了革命烈士纪念碑及烈士墓周边杂草和垃圾，重新对墓碑进行了清洁和描红标识，在烈士墓周边种植了松柏绿植，在影响群众祭扫安全的焚烧池周边加设了醒目的警戒线，报送的天峻县烈士和群众墓分别管理规划，刚察县烈士陵园修缮方案得到当地政府批准，相关修缮资金已到位，烈士陵园改造和部分无名烈士生平资料完善工作正在有序进行。

【典型意义】

铁道兵在解放战争、抗美援朝战争和新中国成立初期我国铁路大动脉建设中曾发挥重要作用。本案中的青藏铁路一期当年施工环境极其恶劣，铁道兵用血肉之躯博得青藏铁路的全线贯通，甚至献出了宝贵生命，值得人民永远铭记和怀念。军铁检察机关依托跨行政区划一体化办案机制，将铁道兵英烈设施保护作为联合办案的发力点，体现了检察机关通过办案推动全社会铭记新中国百年英烈史的责任担当。

案例十　福建省晋江市人民检察院督促保护"八·二三"金门炮战遗迹行政公益诉讼案

【关键词】

行政公益诉讼诉前程序　革命文物保护　两岸文化交流　乡村振兴

【要旨】

国家的主权、安全和领土完整，是一个国家的核心利益。检察机关充分发挥诉前检察建议作用，督促行政机关依法履职，共同保护好党和国家坚定维护国家主权和领土完整的红色印记。

【基本案情】

"八·二三"金门炮战遗迹位于福建省晋江市金井镇围头村，系第八批省级文物保护单位，包括毓秀楼、安业民烈士纪念碑、一号防炮洞等7个文物点及围头民兵哨所1处附属文物。毓秀楼作为"八·二三"金门炮战遗迹的主要组成部分，建造于1931年，为典型的中西合璧钢筋混凝土结构建筑，因年代久远存在多处梁板混凝土碳化、钢筋锈蚀等安全隐患问题。

【调查和督促履职】

2020年5月，福建省晋江市人民检察院（以下简称晋江市院）接群众反映，毓秀楼存在倒塌灭失的现实风险，遂决定立案并开展调查，派员多次前往现场进行实地勘查，听取当地基层组织和群众的意见，并组织市文化和旅游局、金井镇政府召开诉前磋商会议。经磋商查实，毓秀楼的抢险加固方案虽已通过审批，但因聘请的施工团队不具备文物修缮资质，其作出的修缮预算和方案不符合古建筑修缮标准，抢险加固工作迟迟未启动。2020年6月24日，晋江市院依法向市文化和旅游局、金井镇政府发出诉前检察建议，督促其依法全面履职，及时保护受损文物。

收到检察建议后，金井镇政府聘请专业施工团队，完善修缮方案，并将原有140万元的预算追加至227万元。市文化和旅游局开辟"绿色通道"，督促施工单位、监理单位规范毓秀楼抢险加固工作。2020年12月，毓秀楼抢险加固工程竣工，顺利通过文物部门的技术验收，安全隐患已消除。整改后，"八·二三"金门炮战遗迹入选福建省第一批革命文物名录，被纳入福建省党史学习教育参观学习点。

晋江市院结合本案办理情况，建议当地党委政府、基层组织做好革命文物遗产深度保护与开发利用"两篇文章"，依托丰富的红色资源，深挖革命遗迹的历史内涵，推动文化和旅游融合，助力乡村振兴。金井镇政府在围头村开展"闽台乡村旅游文化节""海峡两岸七夕返亲节"等活动，吸引了众多游客前来参观交流，围头村也荣获"海峡第一村"和福建省"对台交流示范点"的美誉。2021年5月，"福建发展·晋江经验"精品线路入选全国"建党百年红色旅游百条精品线路"。晋江市院以此为契机，与市文化和旅游局、华侨大学旅游学院共同签署《关于促进晋江市全域旅游发展的协作方案》，为晋江全域旅游跨越式发展和"晋江经验"精品线路提供司法保障。

【典型意义】

毓秀楼等遗迹是"八·二三"金门炮战的重要历史见证，也是推动建设两岸和平发展的重要平台载体。检察机关积极履行公益诉讼职能，提升革命文物保护协同共治效能。在办案中注重发挥革命文物价值，助推地方党委政府和基层组织将红色资源保护与乡村振兴发展相互融合。

案例十一　湖南省平江县人民检察院　长沙军事检察院督促保护中共湘鄂赣省委、省苏维埃政府、省军区旧址革命文物行政公益诉讼案

【关键词】

行政公益诉讼诉前程序　革命文物保护　军地协作　公开听证

【要旨】

军地检察机关联合发出检察建议，督促行政机关加强对革命文物的修缮和监管。以公开听证的方式对革命文物修复情况进行评估，明确行政机关履职尽责标准。以个案为抓手，推动政府加强文物执法队伍建设，提升本地革命文物整体保护水平。

【基本案情】

中共湘鄂赣省委、省苏维埃政府、省军区旧址（以下简称旧址）位于平江县长寿镇，始建于嘉庆十六年（1811 年），有厢房 28 间，总占地面积 2150 平方米。1934 年 1 月，中共湘鄂赣省委、省苏维埃政府、省军区机关从江西万载小源撤出后，突破敌军重重包围，于当年 7 月驻扎黄金洞，自此至 1937 年 8 月，旧址成为湘鄂赣三省武装革命斗争的指挥中心，彭德怀、滕代远、黄公略、陈昌寿等老一辈无产阶级革命家先后在此领导革命运动。受自然、人为等多重因素影响，旧址院内杂草丛生，部分房屋被他人占用居住，部分房屋出现倒塌、屋面开裂、屋檐断裂等现象，文物纪念设施受损严重，存在重大安全隐患。

【调查和督促履职】

湖南省平江县人民检察院（以下简称平江县院）在湖南省潇湘红色资源保护公益诉讼专项行动期间接到群众举报，反映旧址无人管理、房屋倒塌、设施损毁存在重大安全隐患等问题，经初步调查后于 2020 年 8 月 25 日决定立案，并与长沙军事检察院（以下简称长沙军检院）成立联合办案组。通过走访群众、现场勘查、调取三

定方案和管理台账、询问相关人员查明，旧址于 1991 年获批为县级文物保护单位、于 2019 年 2 月获批为省级文物保护单位、于 2019 年 10 月获批为全国重点文物保护单位，但至今未划定保护范围和建设控制地带。因撤区并乡政策划入长寿镇后，旧址一直处于无人管理维护状态，部分房屋被养蜂人占用作为临时居住地，部分房屋被村民上锁存放生产生活物资，部分房屋因年久失修面临毁损风险。

2020 年 9 月 25 日，平江县院与长沙军检院向平江县文化旅游广电体育局（以下简称县文旅广体局）、平江县长寿镇政府公开送达全省首例红色资源保护联合检察建议书，建议县文旅广体局依法制止违法占用行为、采取紧急措施消除安全隐患、加强旧址的保护和管理；建议长寿镇政府依法履行文物保护职责，加强对旧址的管理和保养维护。

军地联合督促履职，平江县委、政府和相关部门高度重视。县文旅广体局和长寿镇政府积极履职，完善了旧址基础保护工作，树立了保护标志和界碑，腾退了占住人员；会同自然资源部门划定了旧址的保护范围和建设控制地带；委托平江县房屋安全鉴定管理办公室对旧址房屋的损坏状况、危险程度等级进行了评估，并争取到县政府拨付的专项经费用于抢险加固；按国保单位修缮程序，制订了修缮项目计划书。

鉴于旧址系全国重点文物保护单位，其全面修缮的方案、经费需由上级文物主管部门审批，难以在短时间内整改到位，军地两院决定以公开听证的方式广泛听取各方意见，判断行政机关是否履职尽责。2020 年 12 月 9 日，军地两院在平江县院举行案件公开听证会，邀请人大代表、人民监督员、红军后代、村民代表等 5 人担任听证员，邀请 3 名文物专家发表意见，最终认定县文旅广体局、长寿镇政府已在积极履职，整改措施切实有效，但因安全隐患尚未消除，待急救维修完成且修缮项目计划书层报至国家文物局后再决定是否终结案件。

军地检察机关在个案办理中注重推进长效机制建立，共同向县委作专题汇报，推动县委政府在长寿镇增设人员编制、建立文物管理机构，解决文物保护工作的人财物难题；推动县文旅广体局对全县革命文物进行地毯式排查，建立文物安全台账，发现并整改 12 项问题。长沙军检院以点带面，对全省红色资源保护状况进行全面摸排，提供案件线索 437 件。

【典型意义】

平江县先后走出了 64 位共和国将军、92 位革命抗日将领，全县共有革命文物 484 个，是红色资源大县，承载着中国历史的重要红色记忆。军地检察机关充分发挥各自优势，共同督促行政机关依法全面履职，保护红色资源不受侵害。通过公开听证方式广泛听取各方意见，明确行政机关履职尽责标准。以个案为抓手，推动县政府加强文物保护上的人财物保障，推动建立革命文物长效保护机制，将"将军县"的红色资源保护工作抓牢抓实。

案例十二 河北省保定市莲池区人民检察院督促保护"七六"殉难烈士纪念碑行政公益诉讼案

【关键词】

行政公益诉讼诉前程序 烈士纪念设施 革命文物保护 人大监督

【要旨】

检察机关在办理文物保护公益诉讼案件中，针对重点难点问题积极争取人大监督支持，并现场送达诉前检察建议，共同推动文物得到有效保护利用。

【基本案情】

"河北省立第二师范学校纪念馆"（以下简称二师纪念馆）是河

北省青少年爱国主义教育基地、河北省爱国主义教育基地、河北省关心下一代爱党爱国教育基地，由于维护管理不到位，馆内的"七六"殉难烈士纪念碑（以下简称"七六"烈士碑）存在碑文污损、镌刻的英烈事迹模糊不清、浮雕五角星掉色缺损、碑面裂纹、人为刻划等问题。

【调查和督促履职】

2019 年 4 月，河北省保定市莲池区人民检察院（以下简称莲池区院）在开展英烈纪念设施保护公益诉讼专项监督活动中发现本案线索，经向保定市人民检察院（以下简称保定市院）申请指定管辖，于 2019 年 4 月 17 日立案。经调查核实，二师纪念馆既是英烈纪念场所也是市级文物保护单位，"七六"烈士碑具有文物和英烈纪念设施双重属性，其管理和维护依法应由保定市教育局、保定市文化广电和旅游局（以下简称市文广旅局）共同负责。

莲池区院多次与市文广旅局磋商二师纪念馆修复事项，初步拟定了修缮方案，但修复实施工作存在资金保障短期内无法解决的问题。2019 年 9 月 24 日，保定市院向市人大申请对"七六"烈士纪念设施保护行政公益诉讼案予以监督，市人大组织保定市院、市教育局、市文广旅局、莲池区院召开二师纪念馆英烈纪念设施修复工作现场调度会，听取检察机关的建议及市文广旅局的修复意见。在市人大的监督下，检察机关向市教育局、市文广旅局现场送达诉前检察建议，建议上述两个行政机关对"七六"烈士纪念设施受损问题及时进行处理；对纪念设施及红色文物保护区域周边环境进行有效治理，采取有效措施确保英烈纪念设施有一个庄严、肃穆、清净的环境和氛围。

2019 年 12 月 19 日，市教育局、市文广旅局回复检察机关：市文广旅局通过了修缮方案，57 万元修复专项资金已陆续到位。市教育局从北京聘请了具备专业文物修缮资质的施工单位准备进行修复。2020 年 6 月 10 日，"七六"烈士纪念设施修缮工作竣工，纪念设施整体面貌焕然一新，周边整体环境得到有效改善，达到了整洁、优美、庄严、肃穆的要求。同年 10 月 20 日，二师纪念馆正式开馆，以崭新面貌向公众重新开放，供公众瞻仰、悼念英雄烈士，开展爱国主义教育活动。

【典型意义】

"红二师"是保定重要的革命策源地、革命堡垒和革命干部的摇篮。"七六"护校斗争是二师光荣革命传统中最重要的历史事件，也是中国共产党人带领中华民族救亡图存的真实写照。检察机关在办案中善于争取人大监督和支持，推动将重点案件纳入人大监督，并主动与行政机关开展磋商沟通，凝聚共识，良性互动，持续跟进，推动问题有效整改落实，实现双赢多赢共赢的办案效果。

案例十三　江苏省淮安市清江浦区人民检察院督促保护周恩来童年读书处旧址周边文物行政公益诉讼案

【关键词】

行政公益诉讼诉前程序　不可移动文物保护　历史风貌保留

【要旨】

针对监管缺位、保护意识淡薄等原因造成的革命文物受损、周围环境恶化等怠于保护情形，检察机关通过行政公益诉讼诉前检察建议等方式督促行政机关依法履职，加强协同治理，妥善保护革命文物等红色资源。不仅要注重保护革命文物本身，还要注重对周边其他不可移动文物等历史遗存以及生态环境的保护，展现红色资源的整体历史风貌和人文风情。

【基本案情】

周恩来童年读书处旧址，位于江苏省淮安市清江浦区漕运西路 174 号，于 1995 年 4 月被确定为江苏省文物保护单位，是重要的爱国主义教育基地，是近现代历史遗迹及革命纪念建筑物，更是 2021

年4月22日《江苏省革命文物名录（第一批）》中公布的不可移动革命文物。周恩来童年读书处旧址毗邻横贯主城区的里运河，周边原本分布着"泗阳公馆""义顺巷民居"等多处市级不可移动文物。2015年前，旧址所在的漕运西路沿线地块实施了数次征收，由于种种原因未能对上述不可移动文物进行有效保护，造成文物部分毁损，虽经维修，但"泗阳公馆"因长期无人管护，墙体外立面剥离脱落、窗户玻璃破损，外观特点基本丧失，严重破坏该旧址的整体历史风貌和人文风情。

【调查和督促履职】

2020年9月，江苏省淮安市清江浦区人民检察院（以下简称清江浦区院）在开展公益损害巡查中发现该线索，并于同年9月22日立案调查。通过现场勘查、无人机航拍取证以及向属地街道办事处、文物保护等部门调取书证，查明：周恩来童年读书处旧址东侧的漕运西路地块以"总理童年读书处周边特色历史文化街区"为建设项目，于2015年启动征收，由属地街道办事处负责实施推进，分三期开展工作并规划整体开发，且已委托具备文物保护设计资质的机构制定了项目建设和文物保护方案，但目前仅一期征收完毕且尚未纳入土地储备。然而，周恩来童年读书处旧址周边现存的"泗阳公馆"等不可移动文物属私人所有，由于地块实施征收多年，该文物长期无人居住管护，年久失修，以致发生历史风貌基本丧失的损害，而较差的周边环境以及不可预知的因素，也进一步加大了文物状况持续恶化的危险。

此外，清江浦区院在调查中还发现，在周恩来童年读书处旧址东侧的征收地块围挡内，某再生资源回收公司违法占用土地开办了一处较大规模的废旧物资回收站点，场地内常露天堆积回收的废弃金属、木材以及塑料制品等固体废物，并有大型机械作业，却没有采取任何防渗透、防扬散等环保措施，也没有设置必要的消防设施，污染大气、水土生态环境，危害公共安全，损害了社会公共利益。

2020年9月24日，清江浦区院依法分别向清江浦区文化广电和旅游局（以下简称清江浦区文广旅游局）和属地街道办事处发出诉前检察建议，建议其履行法定监督和保护职责，尽快对周恩来童年读书处旧址周边的不可移动文物在不改变原状的原则下进行维护保养；向清江浦区生态环境局发出检察建议，督促其对违法设立的再生资源回收站点作出环保监管处理。

收到检察建议后，清江浦区文广旅游局立即对"泗阳公馆"保护现状展开监督检查，并向街道办事处通报检查情况，督促做好对该文物的保护工作。属地街道办事处多次与不可移动文物产权人进行沟通，投入资金采取修补保养、环境清理等保护性措施，并努力推进项目进程，拟在历史文化街区项目建设中按照方案进行一次性整体修缮。清江浦区生态环境局协同街道办事处组织城管、市监等部门对违法设置的再生资源回收站点依法迅速予以取缔，责令再生资源回收公司立即拆除地面构筑物、搬离清场，随后对裸土进行了平整覆盖。

清江浦区院持续跟进监督，了解征收推进情况，与属地街道办事处和文物保护部门就文物的日常维护和后期修缮等问题进行当面沟通，并不定期地安排人员到征收地块查看文物的状况。

【典型意义】

随着城市的发展，不可移动革命文物保护与城市建设之间的矛盾越来越突出。本案中，检察机关主动厘清文物保护、生态环境等主管部门在履行红色文物保护行政监管职责的界限，运用诉前检察建议督促多部门各司其职，推动城市建设与文物保护融合发展。检察机关在督促保护革命文物的同时，关注对文物周边各类历史文化遗迹的一体化保护，确保充分呈现革命文物的历史风貌，为教育全社会赓续精神血脉、传承红色基因、弘扬革命传统贡献检察力量，实现了三个效果的有机统一。

案例十四　山西省古县人民检察院督促保护岳北军分区驻地旧址行政公益诉讼案

【关键词】

行政公益诉讼诉前程序　革命文物保护　太行精神　乡村振兴

【要旨】

针对新农村建设中革命遗址面临的灭失风险，检察机关督促行政机关依法全面履职，促成革命遗址得到整体性修复和利用，实现红色资源保护与乡村振兴融合发展。

【基本案情】

太岳区第一军分区又称岳北军分区，其驻地旧址位于山西省临汾市古县北平镇贾寨村，该军分区隶属由陈赓担任司令员的太岳军区，于1943年3月在贾寨村成立。岳北军分区驻地旧址于2010年被列为县级文物保护单位，该旧址均为清代晚期砖木结构建筑，由于历史原因，房屋院落归村民所有和使用，未得到有效修缮保护。2018年初，为实施新农村建设，该村在原址基础上统一规划，拟拆旧建新，革命遗址面临灭失危险。

【调查和督促履职】

2018年9月，山西省古县人民检察院（以下简称古县院）赴贾寨村办案，在与村民交流中发现该线索，并于2018年10月9日立案调查。经实地考证、查阅党史资料并咨询有关专家，确认贾寨村部分院落建筑为革命文物。经进一步调查查明，贾寨村岳北军分区驻地旧址长期得不到有效修缮保护，房屋毁坏严重，有的院落建筑主体已成为危房，瓦砾掉落、破败不堪，存在倒塌灭失的现实风险。2018年10月31日，古县院向古县文物旅游局发出诉前检察建议，建议其对上述革命遗址存在的损毁问题依法全面履行监管职责，并积极向古县县委汇报，争取重视和支持。

古县文物旅游局收到检察建议后，立即向古县政府作专门汇报。古县政府高度重视，召开专题会议研究整改，并就全县红色文物保护开展专题调研，作出实施贾寨村红色文物保护工程的决定。古县院同步跟进，并在资金落实等方面予以督促协助。2019 年 10 月底，主体修复工程全部竣工，共计投入资金 1900 余万元，修复院落 9 个、房屋 110 余间，建筑面积达 1890 余平方米。整改完成后，该旧址已接纳参观学习干部群众五千余人次。2020 年，该旧址被评为青少年红色教育实践基地和古县关心下一代党史国史教育基地。2021 年 1 月，该旧址被列为山西省第一批革命文物。古县县委常委会已决定将其纳入贾寨美丽乡村旅游发展规划，并投资 775 万元用于该旧址的布展，打造太岳红色文化新亮点。

【典型意义】

山西是抗日战争主战场之一，贾寨村岳北军分区驻地旧址是山西具有代表意义的革命文物，曾在沁源围困战等战役中发挥了重要作用，为抗日战争和解放战争作出重大贡献，是太行精神的见证。检察机关充分发挥公益诉讼检察职能，通过制发检察建议，推动地方政府对该旧址实施整体性修复，将红色文化传承与乡村振兴相融合，使其成为太岳红色文化新亮点，极大丰富了党史学习教育和革命传统教育资源，实现了办理一案、影响一片、教育社会面的良好效果。

最高人民法院发布人民法院贯彻实施
民法典典型案例（第一批）之七：
楼某熙诉杜某峰、某网络技术
有限公司肖像权纠纷案①

基本案情

2021 年 7 月 7 日，杜某峰通过其名为"西格隆咚锵的隆"的新浪微博账号发布一条微博（某网络技术有限公司系该平台经营者），内容为"日本地铁上的小乘客，一个人上学，那眼神里充满自信和勇气，太可爱了"，并附有楼某熙乘坐杭州地铁时的照片，引起网友热议。次日，楼某熙的母亲在新浪微博发布辟谣帖："我是地铁小女孩的妈妈，网传我家孩子是日本小孩！在此特此申明：我家孩子是我大中华儿女，并深深热爱着我们的祖国！……"广大网友也纷纷指出其错误。杜某峰对此仍不删除案涉微博，还在该微博下留言，继续发表贬低祖国和祖国文化的言论。后该微博账号"西格隆咚锵的隆"由于存在其他不当言论被新浪微博官方关闭，所有发布的内容从新浪微博平台清除。楼某熙以杜某峰、某网络科技有限公司侵害其肖像权为由，提起诉讼。

裁判结果

生效裁判认为，自然人享有肖像权，有权依法制作、使用、公开或者许可他人使用自己的肖像；任何组织或者个人不得以丑化、污损，或者利用信息技术手段伪造等方式侵害他人的肖像权；未经肖像权人同意，不得制作、使用、公开肖像权人的肖像，但是法律

---

① 参见：《人民法院贯彻实施民法典典型案例（第一批）》，载最高人民法院网，https：//www. court. gov. cn/zixun-xiangqing-347191. html，访问时间 2023 年 10 月 31 日。

另有规定的除外。本案中，杜某峰发布的案涉微博中使用的图片含有小女孩的清晰面部、体貌状态等外部身体形象，通过比对楼某熙本人的肖像，以社会一般人的认知标准，能够清楚确认案涉微博中的肖像为楼某熙的形象，故楼某熙对该图片再现的肖像享有肖像权。杜某峰在"七七事变"纪念日这一特殊时刻，罔顾客观事实，在众多网友留言指出其错误、楼某熙母亲发文辟谣的情况下，仍拒不删除案涉微博，还不断留言，此种行为严重损害了包括楼某熙在内的社会公众的国家认同感和民族自豪感，应认定为以造谣传播等方式歪曲使用楼某熙的肖像，严重侵害了楼某熙的肖像权。楼某熙诉请杜某峰赔礼道歉，有利于恢复其人格状态的圆满，有利于其未来的健康成长，依法应获得支持。遂判决杜某峰向楼某熙赔礼道歉，并赔偿楼某熙精神损害抚慰金、合理维权费用等损失。

典型意义

本案是人民法院依法打击网络侵权行为，保护自然人人格权益的典型案件。本案中，行为人于"七七事变"纪念日在微博上发表不当言论，并附有他人清晰脸部和身体特征的图片，意图达到贬低、丑化祖国和中国人的效果。该行为不仅侵犯了他人的肖像权，而且冲击了社会公共利益和良好的道德风尚。审理法院在本案判决中依法适用民法典的规定保护他人的肖像权，同时结合案情，将"爱国"这一社会主义核心价值观融入裁判说理，既依法维护了当事人的合法权益，也充分发挥了司法裁判的引领示范作用，突出弘扬了爱国主义精神的鲜明价值导向，有利于净化网络环境，维护网络秩序。

法律规定

《民法典》

第一千零一十八条　自然人享有肖像权，有权依法制作、使用、公开或者许可他人使用自己的肖像。

肖像是通过影像、雕塑、绘画等方式在一定载体上所反映的特定自然人可以被识别的外部形象。

第一千零一十九条第一款　任何组织或者个人不得以丑化、污损，或者利用信息技术手段伪造等方式侵害他人的肖像权。未经肖像权人同意，不得制作、使用、公开肖像权人的肖像，但是法律另有规定的除外。

第一千一百八十三条第一款　侵害自然人人身权益造成严重精神损害的，被侵权人有权请求精神损害赔偿。

最高人民法院发布人民法院贯彻实施
民法典典型案例（第二批）之三：
杭州市临平区人民检察院诉陈某
英雄烈士保护民事公益诉讼案①

基本案情

2020年6月15日，戍边烈士肖思远在边境冲突中誓死捍卫祖国领土，突围后又义无反顾返回营救战友，遭敌围攻壮烈牺牲，于2021年2月被中央军委追记一等功。2021年2月至4月间，陈某在人民日报、央视新闻、头条新闻等微博账号发布的纪念、缅怀肖思远烈士的文章下，发表针对肖思远烈士的不当评论内容共计20条，诋毁其形象和荣誉。公益诉讼起诉人认为，陈某的行为侵害戍边烈士肖思远的名誉和荣誉，损害社会公共利益，故向人民法院提起民事公益诉讼，请求判令陈某在全国性的新闻媒体上公开赔礼道歉、消除影响。

---

① 参见：《人民法院贯彻实施民法典典型案例（第二批）》，载最高人民法院网，https://www.court.gov.cn/xinshidai-xiangqing-386521.html，访问时间2023年10月31日。

裁判结果

生效裁判认为,《中华人民共和国民法典》第一百八十五条侧重保护的是已经成为社会公共利益重要组成部分的英雄烈士的人格利益。英雄烈士是中华民族最优秀群体的代表,英雄烈士和他们所体现的爱国主义、英雄主义精神,是我们党魂、国魂、军魂、民族魂的不竭源泉和重要支撑,是中华民族精神的集中反映。英雄烈士的事迹和精神是中华民族的共同记忆,是社会主义核心价值观的重要体现。抹黑英雄烈士,既是对社会主义核心价值观的否定和瓦解,也容易对人民群众的价值观念造成恶劣影响。陈某在互联网空间多次公开发表针对肖思远烈士名誉、荣誉的严重侮辱、诋毁、贬损、亵渎言论,伤害了国民的共同情感和民族精神,污染了社会风气,不利于民族共同记忆的赓续、传承,更是对社会主义核心价值观的严重背离,已构成对社会公共利益的侵害。故判决陈某在全国性的新闻媒体上向社会公众公开赔礼道歉、消除影响。

典型意义

习近平总书记指出,一切民族英雄都是中华民族的脊梁,他们的事迹和精神都是激励我们前行的强大力量。英烈不容诋毁,法律不容挑衅。《中华人民共和国民法典》第一百八十五条"英烈条款"的核心要义是保护英雄烈士的人格利益,维护社会公共利益,弘扬尊崇英烈、扬善抑恶的精神风气。肖思远烈士为国戍边守土,遭敌围攻壮烈牺牲,其英雄事迹必将为人民群众缅怀铭记。该案适用民法典规定,认定陈某的行为侵害肖思远烈士的名誉、荣誉,损害了社会公共利益,鲜明表达了人民法院严厉打击和制裁抹黑英雄烈士形象行为的坚定立场,向全社会传递了热爱英雄、崇尚英雄、捍卫英雄的强烈态度。

法律规定

第一百八十五条　侵害英雄烈士等的姓名、肖像、名誉、荣誉，损害社会公共利益的，应当承担民事责任。

最高人民法院发布人民法院大力弘扬社会 主义核心价值观十大典型民事案例之一、二①

案例一　董存瑞、黄继光英雄烈士名誉权纠纷公益诉讼案

——杭州市西湖区人民检察院诉瞿某某侵害烈士名誉权公益诉讼案

核心价值：革命英烈保护

基本案情

瞿某某在其经营的网络店铺中出售两款贴画，一款印有"董存瑞舍身炸碉堡"形象及显著文字"连长 你骗我！两面都有胶！！"，另一款印有"黄继光舍身堵机枪口"形象及显著文字"为了妹子，哥愿意往火坑跳！"。杭州市某居民在该店购买了上述印有董存瑞、黄继光宣传形象及配文的贴画后，认为案涉网店经营者侵害了董存瑞、黄继光的名誉并伤害了其爱国情感，遂向杭州市西湖区检察院举报。

西湖区检察院发布公告通知董存瑞、黄继光近亲属提起民事诉讼。公告期满后，无符合条件的原告起诉，西湖区检察院遂向杭州互联网法院提起民事公益诉讼。

---

① 参见《人民法院大力弘扬社会主义核心价值观十大典型民事案例》，载最高人民法院网，https：//www. court. gov. cn/zixun-xiangqing-229041. html，访问时间 2023 年 10 月 31 日。

裁判结果

杭州互联网法院认为，英雄烈士是国家的精神坐标，是民族的不朽脊梁。英雄烈士董存瑞在解放战争中舍身炸碉堡，英雄烈士黄继光在抗美援朝战争中舍身堵枪眼，用鲜血和生命谱写了惊天动地的壮歌，体现了崇高的革命气节和伟大的爱国精神，是社会主义核心价值观的重要体现。任何人都不得歪曲、丑化、亵渎、否定英雄烈士的事迹和精神。被告瞿某某作为中华人民共和国公民，应当崇尚、铭记、学习、捍卫英雄烈士，不得侮辱、诽谤英雄烈士的名誉。其通过网络平台销售亵渎英雄烈士形象贴画的行为，已对英雄烈士名誉造成贬损，且主观上属明知，构成对董存瑞、黄继光的名誉侵权。同时，被告瞿某某多年从事网店销售活动，应知图片一经发布即可能被不特定人群查看，商品一经上线便可能扩散到全国各地，但其仍然在网络平台发布、销售上述贴画，造成了恶劣的社会影响，损害了社会公共利益，依法应当承担民事法律责任。该院判决瞿某某立即停止侵害英雄烈士董存瑞、黄继光名誉权的行为，即销毁库存、不得再继续销售案涉贴画，并于判决生效之日起十日内在国家级媒体公开赔礼道歉、消除影响。

典型意义

董存瑞、黄继光等英雄烈士的事迹和精神是中华民族共同的历史记忆和宝贵的精神财富。对英烈事迹的亵渎，不仅侵害了英烈本人的名誉权，给英烈亲属造成精神痛苦，也伤害了社会公众的民族和历史感情，损害了社会公共利益。互联网名誉侵权案件具有传播速度快、社会影响大等特点，该两案系全国首次通过互联网审理涉英烈保护民事公益诉讼案件，明确侵权结果发生地法院对互联网民事公益诉讼案件具有管辖权，有利于高效、精准打击利用互联网侵害英雄烈士权益不法行为，为网络空间注入尊崇英雄、热爱英雄、景仰英雄的法治能量。

案例二　淮安谢勇烈士名誉权纠纷公益诉讼案——淮安市人民检察院诉曾某侵害烈士名誉权公益诉讼案

核心价值：当代英烈保护

基本案情

　　江苏省淮安某小区一高层住宅发生火灾，消防战士谢勇在解救被困群众时坠楼壮烈牺牲，公安部和江苏省有关部门追认谢勇同志"革命烈士"称号，追记一等功以及追授谢勇"灭火救援勇士"荣誉称号。被告曾某对谢勇烈士救火牺牲一事在微信群中公然发表"不死是狗熊，死了就是英雄""自己操作失误掉下来死了能怪谁，真不知道部队平时是怎么训练的""别说拘留、坐牢我多（都）不怕"等侮辱性言论，歪曲烈士谢勇英勇牺牲的事实。谢勇的近亲属表示对曾某的侵权行为不提起民事诉讼，并支持检察机关提起诉讼追究曾某侵权责任。江苏省淮安市人民检察院遂向淮安市中级人民法院提起民事公益诉讼，请求判令曾某通过媒体公开赔礼道歉、消除影响。

裁判结果

　　淮安市中级人民法院认为，英烈精神是弘扬社会主义核心价值观和爱国主义精神的体现，全社会都应当认识到对英雄烈士合法权益保护的重要意义，有责任维护英雄烈士的名誉和荣誉等民事权益。本案中，被告曾某利用微信群，发表带有侮辱性质的不实言论，歪曲烈士谢勇英勇牺牲的事实。因该微信群成员较多且易于传播，被告的此种行为对谢勇烈士不畏艰难、不惧牺牲、无私奉献的精神造成了负面影响，已经超出了言论自由的范畴，构成了对谢勇烈士名誉的侵害。网络不是法外之地，任何人不得肆意歪曲、亵渎英雄事迹和精神。诋毁烈士形象是对社会公德的严重挑战，被告曾某的行为侵犯社会公共利益，该院判令曾某应当在当地地级市一级报纸上公开赔礼道歉。

典型意义

本案是《中华人民共和国英雄烈士保护法》实施后全国首例适用该法进行审判的案件，是以检察机关提起公益诉讼方式保护当代消防英烈名誉、维护社会公共利益的典型案例。本案中，谢勇烈士的英雄事迹和精神为国家所褒扬，成为全社会、全民族宝贵的精神遗产，其名誉、荣誉等人格权益已经上升为社会公共利益，不容亵渎。曾某利用成员众多、易于传播的微信群，故意发表带有侮辱性质的不实言论，歪曲烈士谢勇英勇牺牲的事实，诋毁烈士形象，已经超出了言论自由的范畴，侵害了谢勇烈士人格权益和社会公共利益，应承担相应的法律责任。本案裁判顺应时代要求，回应民众呼声，通过释法说理匡扶正义，传播社会正能量，弘扬时代主旋律，对营造崇尚英烈、敬重英烈、捍卫英烈精神的社会环境以及引导公众树立正确的历史观、民族观、文化观起到积极作用。

最高人民法院发布十五起依法保护文物和文化遗产典型案例之十四：吉林省靖宇县人民检察院诉靖宇县退役军人事务局不履行法定职责行政公益诉讼案①

基本案情

杨靖宇将军殉国地位于吉林省白山市靖宇县濛江乡保安村，是

---

① 参见《依法保护文物和文化遗产典型案例》，载最高人民法院网，https：//www.court.gov.cn/zixun/xiangqing/388291.html，访问时间2023年10月31日。

国家级爱国主义教育基地和省级重点烈士纪念保护单位。2020 年，白山市人民代表大会常务委员会专门颁布《白山市杨靖宇将军殉国地保护条例》，规范杨靖宇将军殉国地的保护、管理和利用，其中明确规定，靖宇县退役军人事务主管部门负责杨靖宇将军殉国地日常保护管理等工作。靖宇县人民检察院在履行职责中发现，在杨靖宇将军殉国地存在游乐园、烧烤屋、游船等经营活动，影响爱国主义精神弘扬，损害了社会公共利益，遂向靖宇县退役军人事务局发出检察建议，要求其全面履行保护管理职责，依法对杨靖宇将军殉国地保护范围内餐饮、娱乐、野炊、露营、垂钓等与纪念、瞻仰、悼念烈士无关且有损环境的行为进行监管，责令改正，恢复杨靖宇将军殉国地庄严、肃穆的环境氛围。靖宇县退役军人事务局未按要求履行职责，靖宇县人民检察院向靖宇县人民法院提起行政公益诉讼。在审理过程中，案涉娱乐设施全部拆除，靖宇县人民检察院申请撤回起诉。

裁判结果

吉林省靖宇县人民法院认为，靖宇县退役军人事务局积极整改，履行职责，实现了对公共利益的保护，靖宇县人民检察院自愿申请撤回起诉，符合法律规定，裁定准许撤回起诉。

典型意义

本案系有关机关怠于履职引发的行政公益诉讼案件。杨靖宇将军殉国地是党领导人民顽强奋斗、抵御外辱的重要见证，是承载独特精神标识和文化精髓的革命文物，是弘扬英烈精神、传承红色基因的宝贵财富。人民法院坚持多元共治和源头治理的理念，依法延伸审判职能，加强与检察机关、行政主管部门沟通协调，对整改情况进行监督，推动形成文物保护合力，促成各项问题及时、妥善解决。该案依法审理有效维护了英雄烈士的荣誉与尊严，积累了加强革命文物和红色文化遗产司法保护的探索性经验，对促进有关行政机关依法全面履职尽责，推动英雄烈士纪念设施保护、传承与合理利用，具有示范意义和导向价值。

最高人民检察院发布 2022 年度十大法律监督案例之三：罗某侵害英雄烈士名誉、荣誉刑事附带民事公益诉讼案①

——侮辱"冰雕连"英烈，海南检察
机关依法对网络"大 V"罗某提起
公诉和刑事附带民事公益诉讼

经海南省三亚市城郊检察院提起公诉和刑事附带民事公益诉讼，2022 年 5 月 5 日，城郊法院对被告人罗某侵害英雄烈士名誉、荣誉暨刑事附带民事公益诉讼一案依法公开宣判。

2021 年 10 月 6 日，网络"大 V"罗某在其三亚市住处使用新浪微博账号发表帖文，侮辱在抗美援朝长津湖战役中牺牲的中国人民志愿军"冰雕连"英烈，引发公众强烈愤慨，造成恶劣社会影响。

经网民举报，2021 年 10 月 8 日，三亚市公安局吉阳分局以罗某涉嫌侵害英雄烈士名誉、荣誉罪立案侦查并将其刑事拘留。同日，城郊检察院决定对罗某侵害英雄烈士名誉、荣誉违法行为的民事公益诉讼案立案调查。同年 10 月 21 日，城郊检察院对罗某批准逮捕。2022 年 1 月 19 日，公安机关将该案移送城郊检察院审查起诉。

2022 年 2 月 18 日，城郊检察院针对罗某发表侮辱志愿军英烈名

① 参见《2022 年度十大法律监督案例》，载最高人民检察院网，https：//www.spp.gov.cn/zdgz/202301/t20230117_598829.shtml，访问时间 2023 年 10 月 31 日。

誉、荣誉言论的行为，依法向城郊法院提起公诉和刑事附带民事公益诉讼。检察机关起诉指控：被告人罗某以侮辱方式侵害英雄烈士名誉、荣誉，损害社会公共利益，情节严重，依法应当以侵害英雄烈士名誉、荣誉罪追究其刑事责任，并请求判令罗某承担相应民事责任。罗某自愿认罪认罚。检察机关认为，在网络上公然侮辱、诋毁英雄烈士的言行，不仅是对英雄烈士的名誉、荣誉的严重侵害，更是对社会主义核心价值观和爱国主义精神的公然反对和践踏，检察机关将全面履行公诉和刑事附带民事公益诉讼检察职能，加强对英雄烈士名誉、荣誉的综合保护，弘扬社会主义核心价值观和爱国主义精神，维护社会公共利益，教育引导全社会形成崇尚捍卫英雄烈士的浓厚氛围。

2022 年 3 月 30 日，城郊法院一审公开开庭审理该案。5 月 5 日，城郊法院一审判决采纳检察机关的量刑建议，判处被告人罗某有期徒刑七个月。针对检察机关提起的民事公益诉讼，法院也作出了判决：责令被告人罗某在新浪网、《法治日报》和《解放军报》上公开赔礼道歉。

2022 年 5 月 23 日，罗某履行生效判决义务，就其侵害英雄烈士、荣誉的错误言论在媒体上公开赔礼道歉。

最高人民检察院发布十起无障碍环境建设公益诉讼典型案例之六：江苏省宝应县人民检察院督促规范文物保护单位、英烈纪念设施无障碍环境建设行政公益诉讼案 ①

【关键词】

行政公益诉讼诉前程序　文物保护　红色教育　公开听证

【要旨】

文物保护单位、英雄烈士纪念设施未设置无障碍设施，损害了特殊群体参加革命传统教育、爱国主义教育的权利。检察机关充分发挥公益诉讼职能，推动建立多部门协作联动机制，探索符合文物保护要求和残障人士需求的无障碍设施建设最佳方案，维护特殊群体平等参与社会活动的权利。

【基本案情】

江苏省扬州市宝应县内共有不可移动文物点223处、英雄烈士纪念设施23处，其中周恩来少年读书处、宝应朱方伯公家祠、宝应学宫等3处为省级文物保护单位，是扬州市爱国主义教育基地、红色基因传承教育基地。长期以来，7处对外开放的文物保护单位、22处英雄烈士纪念设施均未设置无障碍设施，无法满足残障人士自主参观需求，损害了社会公共利益。

【调查和督促履职】

2021年3月，宝应县人民检察院（以下简称宝应县院）收到群

---

① 参见《最高检发布无障碍环境建设公益诉讼典型案例》，载最高人民检察院网，https：//www.spp.gov.cn/xwfbh/dxal/202105/t20210514_518148.shtml，访问时间2023年10月31日。

众反映，县域内个别文物保护单位无障碍设施缺失，造成残疾人不方便参观的问题，经核实后决定立案办理。通过查询资料和实地调查，确定了全县文物保护单位、英雄烈士纪念设施的基本情况、数量和地点，并了解无障碍设施建设情况。宝应县院认为，根据英烈保护、无障碍环境建设等相关法律法规，相关职能部门未依法履行职责。

2021 年 4 月 1 日，宝应县院分别向县文体广电和旅游局（以下简称县文旅局）、退役军人事务局发出诉前检察建议，督促两单位积极依法履行法定职责，全面排查全县文物保护单位、英雄烈士纪念设施等无障碍设施情况，制定具体建设改造方案并有序推进，切实保障特殊群体平等接受革命传统教育、爱国主义教育。

两单位收到检察建议后，成立了专项工作领导小组，并及时制定相应整改方案。县文旅局拟于 2021 年 5 月底前，完成开放的 7 处文物保护单位无障碍设施改造；县退役军人事务局对正在施工的两处英雄烈士纪念设施增设了无障碍卫生间和无障碍坡道，并计划于 2021 年底前，完成全县所有英雄烈士纪念设施无障碍设施建设改造工作。

4 月 10 日，为论证相关职能部门整改方案的可行性，宝应县院组织召开无障碍设施行政公益诉讼案件公开听证会，邀请人大代表、律师、人民监督员担任听证员，邀请县人大、县委政法委有关负责人以及社会各界群众代表现场观摩，并在听证会后组织座谈交流。4 月 16 日，宝应县院向县委报告该案办理情况，建立多部门联动协作机制，进一步增强推进无障碍设施建设的合力。4 月 27 日，宝应县院联合县文旅局等四部门会签《关于加强文物保护单位（革命文物点）、英雄烈士纪念设施无障碍设施建设实施意见》，进一步细化分解任务，确保建设改造工作高效完成。

【典型意义】

加强文物保护单位、英雄烈士纪念设施无障碍设施建设，对于充分保障残障人士平等参与社会生活，更好地接受革命传统教育、爱国主义教育具有重要意义。本案中，检察机关通过走访有关职能部门和残疾人代表，了解无障碍设施的现状和难点，有效提升诉前检察建议针对性。在诉前检察建议发出后，通过举办听证会、座谈会，与行政机关会签无障碍设施建设实施意见，邀请残障人士现场体验等方式，及时验收整改情况，评议整改方案，保障整改工作持续有力推进。同时，坚持以人民为中心，积极争取党政部门对公益诉讼工作的支持，推动全县无障碍设施建设，更好保障特殊群体利益，提升城市文明水平，实现了三个效果的有机统一。

最高人民检察院发布十起检察机关
深化司法民主建设　推进全过程人民民主典型
案例之五：浙江烈士墓群保护行政公益诉讼案 ①

——以听证凝聚英烈保护合力，用"检察蓝"
守护"革命红"

【基本案例】

　　1934 年下半年至 1935 年初，中国工农红军北上抗日先遣队曾数次转战遂安（今属浙江省淳安县）。在国民党军队的反复围剿中，许多红军战士英勇牺牲。受战时环境限制，牺牲的烈士仅就地掩埋，未标明身份。淳安县浪川乡有一处散葬墓群，当地称为"红兵坟"。但因相关史料缺失，难以辨明埋葬人员身份，未被认定为烈士纪念

---

　　① 参见《检察机关深化司法民主建设　推进全过程人民民主典型案例》，载最高人民检察院网，https://www.spp.gov.cn/xwfbh/dxal/202202/t20220224_545684.shtml，访问时间 2023 年 10 月 31 日。

设施，墓室上方杂草丛生、无防护措施，存在损毁风险。

2021年2月，浙江省人民检察院与中国人民解放军杭州军事检察院联合开展"守护红色军事文化史迹"专项监督行动，淳安县人民检察院在专项行动中发现本案线索。

【检察机关履职情况】

1. 专家详细论证，确认案件办理的关键证据。本案争议点较多，比如墓中安葬的是否都是红军，有无其他人员遗骨等。最高人民检察院和浙江省、杭州市、淳安县三级检察院及杭州军事检察院就本案关键性证据进行认真审查确认，并在淳安召开专家论证会，邀请北上抗日先遣队历史研究专家、党史和文献研究专家和相关单位负责人参加。与会专家结合史料、研究成果及现场证据，一致认定案涉四处墓葬埋葬的128人均是北上抗日先遣队在遂安县送驾岭战役中牺牲的红军战士，且该烈士墓群是目前全国已经发现的最大规模的北上抗日先遣队烈士墓群。此份证据的确认成为推动全案的关键。

2. 军地协同办理，以公开听证凝聚英烈保护合力。在浙江省检察院指导下，军地检察机关分工配合，各有侧重。2021年6月11日，杭州军事检察院和淳安县检察院联合向浪川乡人民政府、县退役军人事务局发出诉前检察建议，建议依法启动认定案涉红军墓为无名烈士纪念设施的程序，并进行修缮保护。鉴于案涉红军墓埋葬的烈士人数多、规模大，保护工作涉及多个行政部门，且本案在党史、军史上具有特别意义，经浙江省、市、县三级检察院会商，2021年6月29日在淳安县中洲镇中国工农红军北上抗日纪念馆组织召开公开听证会。听证会由浙江省检察院检察长主持，杭州军事检察院检察长参加，并邀请全国和省人大代表、省政协委员、党史军史研究专家担任听证员，省、市、县三级检察院及相关行政机关负责人、乡镇基层代表等参加旁听。听证员和其他听证会参加人重点围绕将案涉红军墓及碑刻纳入英雄烈士纪念设施及革命文物开展保护，包括保护方案、资金筹措方案等问题进行了充分讨论。

3. 细化整改方案，达成修缮保护共识。因本案专业性强，案涉红军墓埋葬人数多、规模大、保护费用高，多个行政机关存在权责不清、职能交叉等情形，整改面临着现实困难。通过召开公开听证会，各方进一步细化落实整改方案，就四处红军烈士墓综合保护工作达成共识。会后，在淳安县政府的关心支持下，淳安县退役军人事务局积极开展案涉烈士纪念设施审核工作，会同浪川乡人民政府有序推进设计、预算、环评及部分工程的具体实施等工作，并积极争取专项资金支持。浪川乡人民政府同步启动了案涉公墓的临时保护措施，整治周边环境，修建参观便道，安装公墓介绍牌，并委托设计了烈士墓群就地分散保护、集中展示纪念的保护方案。

【典型意义】

英烈保护是检察公益诉讼工作的重要领域。检察机关依法履行法律监督职能，通过组织公开听证会，积极聚合社会各方力量，以"阳光司法"的方式让一段尘封的革命历史得以重现，让 128 名红军烈士从此正名，是"检察蓝"守护"革命红"的生动实践。同时，该案办理恰逢中国共产党成立 100 周年前夕，对学习党史、传承爱国主义、弘扬社会主义核心价值观具有较强的推动和指导作用。

退役军人事务部和最高人民检察院联合发布九起烈士纪念设施保护行政公益诉讼典型案例之八：河南省桐柏县红色资源保护行政公益诉讼案①

【关键词】

行政公益诉讼诉前程序　红色资源保护　军地协作

【要旨】

针对相关部门在红色资源保护中职责不清、权责不明，致使部分遗址纪念设施损毁严重的问题，军地检察机关通过诉前程序督促有关单位依法履职，形成红色资源保护合力，较好地维护了国防和军事利益及社会公共利益。

【基本案情】

从1926年到解放战争胜利的23年间，河南省桐柏县范围内先后共建立了3个中央级、6个省级、9个地级、12个县级党政军领导机构，刘少奇、李先念、贺龙、王震等老一辈革命家在这里工作和战斗过。全县共有革命遗址、纪念设施200多处，但因疏于管理保护，经过自然侵蚀、人为破坏，有的建筑存在较大安全隐患，有的建筑残缺破败，有的甚至已经完全灭失，红色资源受到严重损害。

【调查和督促履职】

2021年1月，桐柏县人民检察院在履行职责中发现，该县部分红色资源存在保护不善问题。根据军地检察机关有关协作机制，桐柏县人民检察院向郑州军事检察院通报了相关情况，并邀请郑州军

---

① 参见《烈士纪念设施保护行政公益诉讼典型案例》，载最高人民检察院网，https://www.spp.gov.cn/xwfbh/wsfbt/202109/t20210929_531298.shtml#2，访问时间2023年10月31日。

事检察院共同对该县革命遗址和纪念设施开展调查摸底。

经查，桐柏县 200 多处革命遗址、纪念设施中，有 3 处省级保护文物存在严重安全隐患和损坏问题，有 63 处县级保护文物受到不同程度的损坏，部分遗址已经灭失，多处烈士墓葬及纪念设施处于无人管理状态。部分遗址所属乡镇、文物保护部门、退役军人事务局对有关红色资源保护存在职能交叉、权责不明等问题，未能有效履职，导致部分红色资源未能得到及时妥善保护。4 月 19 日至 28 日，桐柏县人民检察院分别对该县文化广电和旅游局、退役军人事务局以及 6 个乡镇政府公益诉讼立案。随后，桐柏县人民检察院和郑州军事检察院共同向以上责任单位制发检察建议书，督促相关部门依照法律规定积极履职、形成合力，共同保护好革命遗址、纪念设施等红色资源。

检察建议书发出后，军地检察机关针对各责任单位在文物修缮和保护中存在的障碍和顾虑，结合党史学习教育，于 5 月 7 日组织人大代表、政协委员和各相关单位负责人召开红色资源保护座谈会，通过充分交流讨论，提升思想认识，明确自身职责。随后，桐柏县人民政府下发红色资源保护的实施意见，并深入各乡镇进行具体指导；乡镇人民政府也根据检察机关建议制订相应的整改计划。月河镇人民政府对南阳地区第一个党小组成立地进行了修缮，并筹建 10 间房屋作为展览室；新集镇人民政府建立了南阳市第一个村级红色革命遗址纪念馆；平氏镇人民政府、城关镇人民政府派专人负责收集红色文化和党史资料、修缮革命遗址和纪念设施，并计划打造红色资源爱国主义教育基地。截至目前，各乡镇已修缮重要革命遗址 30 余处，树立纪念石碑 50 余座，收集相关党史资料 300 余份。

【典型意义】

军地检察机关会同有关方面通过有效发挥检察一体化办案机制优势，联合开展实地勘查、制发检察建议书、召开座谈会，针对不同位置、不同现状的文物，因地制宜、因类施策，有效提升和加强了红色资源监管和保护力度，修缮和挽救了一大批重点革命文物。

最高人民检察院发布十七起检察公益诉讼全面实施两周年典型案例之八：山西省寿阳县羊头崖烈士纪念设施疏于管理公益诉讼案①

【关键词】

行政公益诉讼诉前程序　烈士纪念设施　军地联合保护

【要旨】

军地检察机关对于烈士纪念设施疏于管理情形，共同立案并联合发出诉前检察建议，督促行政机关积极履职，探索和实践了军地联合保护公益的新模式。

【基本案情】

寿阳县羊头崖烈士纪念塔塔体杂草丛生，其附属设施周边垃圾随意堆放，纪念展馆内设有棋牌娱乐室等。该纪念塔系寿阳县政府于1946年为纪念在抗日战争中牺牲的烈士所建，2014年7月，县政府将其列为红色革命教育基地。寿阳县退役军人事务局作为主管行政机关却未对纪念设施尽到维护、修缮、严格管理职责，使本应庄严、肃穆、激励奋进的场所变得荒芜和极不严肃，严重影响了群众对英雄烈士的崇拜和瞻仰，英雄主义和爱国主义精神教育受到损害。

---

① 参见《检察公益诉讼全面实施两周年典型案例》，载最高人民检察院网，https://www.spp.gov.cn/spp/xwfbh/wsfbh/201910/t20191010_434047.shtml，访问时间2023年10月31日。

【调查和督促履职】

2019 年 4 月初，晋中市寿阳县人民检察院在山西省人民检察院和石家庄军事检察院联合开展的英雄烈士纪念设施调查摸底专项行动中发现该线索。英烈纪念设施是军地检察机关都负有责任保护的公益领域，寿阳县检察院在省、市检察院的指导和支持下，及时向石家庄军事检察院移送了案件线索，经双方研究讨论案情，于 4 月 11 日联合向寿阳县退役军人事务局发出了诉前检察建议，共同督促其依法履行监管职责并对在纪念设施内开设棋牌娱乐室等违法情形依法作出处理，确保国家和社会公益不受侵害。

寿阳县退役军人事务局收到军地联合诉前检察建议后，高度重视，责成分管副局长担任专门整治小组组长，调集人力、财力限期整改，高标准、高效率完成了整改任务，按时向寿阳县检察院和石家庄军事检察院进行了书面答复并邀请军地检察机关对整改情况进行了现场查看。案件办理后，军地检察机关和相关行政机关召开了座谈会，分享了办案成果，形成了共赢理念。

【典型意义】

习近平总书记指出，我们要捍卫英雄、学习英雄、关爱英雄。2019 年以来，全国检察机关把英烈保护作为检察公益诉讼的一项重要内容持续发力，江苏、湖北、内蒙古、辽宁、河北等地纷纷开展烈士纪念设施专项监督活动。本案的成功办理，是全国检察机关办理英烈保护类公益诉讼案件的一个缩影，是以实际行动贯彻落实《中华人民共和国英雄烈士保护法》《烈士纪念设施保护管理办法》的司法举措，有效维护了国家利益和社会公共利益。

军地检察机关联合办案，检察机关与行政机关共同保护英烈权益，既创新了办案模式，又形成了军地保护、全民保护公益的合力，有力地推动了全社会共同捍卫英雄荣光的良好风气，从而实现"三个效果"的有机统一。

最高人民检察院发布七起军地协作公益诉讼典型案例之一：河南省人民检察院、郑州军事检察院英雄烈士纪念设施保护行政公益诉讼系列案①

【关键词】

行政公益诉讼　英雄烈士纪念设施保护　军地协作　宣告送达
全面整治

【要旨】

针对英雄烈士纪念设施管理保护不到位、不全面等情形，军地检察机关协作开展专项行动，督促相关主管部门依法全面履职，共同维护英雄烈士的荣誉与尊严，使英烈纪念设施真正发挥弘扬英烈精神、传承爱国主义、弘扬社会主义核心价值观的重要作用。

【基本案情】

河南省是革命老区、兵员大省，有烈士 24.2 万人，据不完全统计，全省有县级以上烈士纪念设施 133 处，零散烈士纪念设施 621 处。但部分英烈纪念设施存在管理不到位、碑体破损、杂草荒芜、垃圾成堆、被非法侵占、商业经营不规范、埋葬非英烈人员等情形，相关行政机关未依法全面履职，有损英烈荣光。

【调查和督促履职】

2019 年是新中国成立七十周年，结合"不忘初心、牢记使命"主题教育，河南省人民检察院联合中国人民解放军郑州军事检察院于 2019 年 2 月在全省开展英雄烈士纪念设施保护管理情况专项调查

---

① 参见《军地协作公益诉讼典型案例》，载最高人民检察院网，https：//www. spp. gov. cn/xwfbh/dxal/202005/t20200511_460770. shtml，最后访问时间 2023 年 10 月 31 日。

监督活动。联合修订《河南省军地检察机关协作工作实施办法》、出台《关于做好河南省军地检察公益诉讼协作工作的意见》。双方公益诉讼办案部门平均三天一对接、一周一会商，确保协作顺畅连贯、办案持续深入。全省军地检察机关共走访调查烈士陵园 123 个、其他纪念设施 290 处、零散烈士墓 79 座；共发现问题线索 104 件，立案 104 件，发出诉前检察建议 101 件，行政机关已整改 86 件。

为提升全省英烈纪念设施保护管理工作整体水平，河南省检察院将此次专项活动整体情况、存在的问题及建议以专报形式呈报河南省委、人大、政府、政协，并于 2019 年 4 月 28 日联合郑州军事检察院向河南省退役军人事务厅宣告送达了检察建议书并进行座谈，建议其对全省英烈纪念设施保护管理开展集中排查，采取集中整治、健全机制、强化保障、加大宣传等有效措施，推动解决部分英烈纪念设施保护管理不到位问题。双方就联合开展英烈纪念设施保护工作交换了意见，达成了共识。

河南省退役军人事务厅对检察建议高度重视，制定下发了《加强和改进全省烈士纪念设施保护管理工作专项行动方案》，并召开由各省辖市、省直管县（市）退役军人事务局局长参加的专题会议，当面下达《交办通知书》及问题清单，要求当年 6 月底前完成整改，并重点解决烈士纪念设施内及周边商业活动、侵占烈士纪念设施土地、用房，以及机构、编制、经费等深层次问题。整改期间，军地检察机关持续跟进监督，与省退役军人事务厅联合成立督导组，深入各地督导检查，对整治情况进行"回头看"，确保整改到位。

2019 年 7 月 16 日，河南省退役军人事务厅向河南省检察院、郑州军事检察院当面反馈检察建议整改落实情况。全省 22 个市、县投入资金 2162 万元修缮英烈纪念设施；60 处零散烈士墓委托保护管理协议得以签订；部分缺乏管理的陵园设立了管理处；多处烈士陵园完成了商业活动的整治；部分烈士陵园增加了公益性岗位人员。经过整改，全省英烈纪念设施保护管理工作整体水平得到大幅提升。行政机关和检察机关决定在此基础上建立长效协作机制，通过信息报送、线索移送、会议座谈、案例通报等方式共享英烈权益保护相关信息，研究疑难问题，共同推动褒扬纪念工作乃至退役军人事务工作的全面发展。

【典型意义】

英雄烈士纪念设施是为褒扬烈士而修建的永久性纪念设施，是寄托哀思、传承爱国精神的重要场所。我国先后出台了《烈士褒扬条例》《烈士纪念设施保护管理办法》《中华人民共和国英雄烈士保护法》等法律法规章，从不同层面对英烈纪念设施的管理保护进行了规定。2019 年 9 月，习近平总书记专门强调要加强对烈士陵园的规划、建设、修缮、管理维护。同月，中共中央办公厅、国务院办公厅、中央军委办公厅印发《烈士纪念设施规划建设修缮管理维护总体工作方案》，对烈士纪念设施修建、管理、保护提出具体措施。

《中华人民共和国英雄烈士保护法》授权检察机关依法对侵害英烈权益、损害社会公共利益的行为向人民法院提起民事公益诉讼。英雄烈士纪念设施保护不到位，同样有损英烈荣誉尊严，违反了相关法律规定，损害了国家利益和社会公共利益。河南军地检察机关协作开展英烈纪念设施保护专项行动，办理系列行政公益诉讼案件，通过行政公益诉讼职能督促对英烈纪念设施负有监管职责的行政机关依法全面履职。

河南省检察院与郑州军事检察院密切协作，在 2018 年出台的《深化军地检察协作，服务部队备战打仗座谈会议纪要》基础上，不断完善协作机制，联合会签文件，共同开展业务指导，向省级行政单位发出检察建议，促成行政机关开展专项整治，源头性、长效性解决了全省英烈纪念设施保护和管理存在的问题，取得了良好的办案效果。

五、简明实用问答

1. 爱国主义教育的领导体制和工作原则是什么?①

爱国主义教育坚持中国共产党的领导，健全统一领导、齐抓共管、各方参与、共同推进的工作格局。

爱国主义教育应当坚持思想引领、文化涵育，教育引导、实践养成，主题鲜明、融入日常，因地制宜、注重实效。

2. 爱国主义教育的主要内容是什么?

根据《中华人民共和国爱国主义教育法》第六条，爱国主义教育的主要内容是:

（1）马克思列宁主义、毛泽东思想、邓小平理论、"三个代表"重要思想、科学发展观、习近平新时代中国特色社会主义思想;

（2）中国共产党史、新中国史、改革开放史、社会主义发展史、中华民族发展史;

（3）中国特色社会主义制度，中国共产党带领人民团结奋斗的重大成就、历史经验和生动实践;

（4）中华优秀传统文化、革命文化、社会主义先进文化;

（5）国旗、国歌、国徽等国家象征和标志;

（6）祖国的壮美河山和历史文化遗产;

---

① 问答1至7参见《中华人民共和国爱国主义教育法》（2024年1月1日起施行）相关条文。

（7）宪法和法律，国家统一和民族团结、国家安全和国防等方面的意识和观念；

（8）英雄烈士和先进模范人物的事迹及体现的民族精神、时代精神；

（9）其他富有爱国主义精神的内容。

3. 每年什么时间国家集中开展爱国主义教育？

在每年 10 月 1 日中华人民共和国国庆日，国家和社会各方面举行多种形式的庆祝活动，集中开展爱国主义教育。

4. 各级各类学校和其他教育机构应当如何开展爱国主义教育？

国家将爱国主义教育纳入国民教育体系。各级各类学校应当将爱国主义教育贯穿学校教育全过程，办好、讲好思想政治理论课，并将爱国主义教育内容融入各类学科和教材中。

各级各类学校和其他教育机构应当按照国家规定建立爱国主义教育相关课程联动机制，针对各年龄段学生特点，确定爱国主义教育的重点内容，采取丰富适宜的教学方式，增强爱国主义教育的针对性、系统性和亲和力、感染力。

各级各类学校应当将课堂教学与课外实践和体验相结合，把爱国主义教育内容融入校园文化建设和学校各类主题活动，组织学生参观爱国主义教育基地等场馆设施，参加爱国主义教育校外实践活动。

5. 企业事业单位应当如何开展爱国主义教育？

企业事业单位应当将爱国主义教育列入本单位教育计划，大力弘扬劳模精神、劳动精神、工匠精神，结合经营管理、业务培训、文化体育等活动，开展爱国主义教育。

教育、科技、文化、卫生、体育等事业单位应当大力弘扬科学家精神和专业精神，宣传和培育知识分子、专业技术人员、运动员等胸怀祖国、服务人民、为国争光的爱国情感和爱国行为。

6. 县级以上人民政府应当采取哪些措施开展爱国主义教育？

县级以上人民政府应当加强对红色资源的保护、管理和利用，发掘具有历史价值、纪念意义的红色资源，推动红色旅游融合发展示范区建设，发挥红色资源教育功能，传承爱国主义精神。

县级以上人民政府文化和旅游、住房城乡建设、文物等部门应当加强对文物古迹、传统村落、传统技艺等历史文化遗产的保护和利用，发掘所蕴含的爱国主义精神，推进文化和旅游深度融合发展，引导公民在游览观光中领略壮美河山，感受悠久历史和灿烂文化，激发爱国热情。

在中国人民抗日战争胜利纪念日、烈士纪念日、南京大屠杀死难者国家公祭日和其他重要纪念日，县级以上人民政府应当组织开展纪念活动，举行敬献花篮、瞻仰纪念设施、祭扫烈士墓、公祭等纪念仪式。

7. 公民和组织不得有哪些违背爱国主义精神的行为？

根据《中华人民共和国爱国主义教育法》第三十七条，任何公民和组织都应当弘扬爱国主义精神，自觉维护国家安全、荣誉和利益，不得有下列行为：

（1）侮辱国旗、国歌、国徽或者其他有损国旗、国歌、国徽尊严的行为；

（2）歪曲、丑化、亵渎、否定英雄烈士事迹和精神；

（3）宣扬、美化、否认侵略战争、侵略行为和屠杀惨案；

（4）侵占、破坏、污损爱国主义教育设施；

（5）法律、行政法规禁止的其他行为。

8. 如何通过中华优秀传统文化开展好爱国主义教育?[①]

传承和弘扬中华优秀传统文化。对祖国悠久历史、深厚文化的理解和接受，是爱国主义情感培育和发展的重要条件。要引导人们了解中华民族的悠久历史和灿烂文化，从历史中汲取营养和智慧，自觉延续文化基因，增强民族自尊心、自信心和自豪感。要坚持古为今用、推陈出新，不忘本来、辩证取舍，深入实施中华优秀传统文化传承发展工程，推动中华文化创造性转化、创新性发展。要坚守正道、弘扬大道，反对文化虚无主义，引导人们树立和坚持正确的历史观、民族观、国家观、文化观，不断增强中华民族的归属感、认同感、尊严感、荣誉感。

9. 如何通过课堂教学开展好爱国主义教育?

充分发挥课堂教学的主渠道作用。培养社会主义建设者和接班人，首先要培养学生的爱国情怀。要把青少年作为爱国主义教育的重中之重，将爱国主义精神贯穿于学校教育全过程，推动爱国主义教育进课堂、进教材、进头脑。在普通中小学、中职学校，将爱国主义教育内容融入语文、道德与法治、历史等学科教材编写和教育教学中，在普通高校将爱国主义教育与哲学社会科学相关专业课程有机结合，加大爱国主义教育内容的比重。创新爱国主义教育的形式，丰富和优化课程资源，支持和鼓励多种形式开发微课、微视频等教育资源和在线课程，开发体现爱国主义教育要求的音乐、美术、书法、舞蹈、戏剧作品等，进一步增强吸引力感染力。

---

① 问答 8 至 14 参见《新时代爱国主义教育实施纲要》（中共中央、国务院 2019 年 10 月印发）相关内容。

10. 如何通过仪式礼仪丰富爱国主义教育实践?

认真贯彻执行国旗法、国徽法、国歌法,学习宣传基本知识和国旗升挂、国徽使用、国歌奏唱礼仪。在全社会广泛开展"同升国旗、同唱国歌"活动,让人们充分表达爱国情感。各级广播电台、电视台每天定时在主频率、主频道播放国歌。国庆期间,各级党政机关、人民团体、大型企事业单位、全国城乡社区和爱国主义教育基地等,要组织升国旗仪式并悬挂国旗。鼓励居民家庭在家门前适当位置悬挂国旗。认真组织宪法宣誓仪式、入党入团入队仪式等,通过公开宣誓、重温誓词等形式,强化国家意识和集体观念。

11. 如何通过重大纪念活动、传统和现代节日推进爱国主义教育?

组织重大纪念活动。充分挖掘重大纪念日、重大历史事件蕴含的爱国主义教育资源,组织开展系列庆祝或纪念活动和群众性主题教育。抓住国庆节这一重要时间节点,广泛开展"我和我的祖国"系列主题活动,通过主题宣讲、大合唱、共和国故事汇、快闪、灯光秀、游园活动等形式,引导人们歌唱祖国、致敬祖国、祝福祖国,使国庆黄金周成为爱国活动周。充分运用"七一"党的生日、"八一"建军节等时间节点,广泛深入组织各种纪念活动,唱响共产党好、人民军队好的主旋律。在中国人民抗日战争胜利纪念日、烈士纪念日、南京大屠杀死难者国家公祭日期间,精心组织公祭、瞻仰纪念碑、祭扫烈士墓等,引导人们牢记历史、不忘过去,缅怀先烈、面向未来,激发爱国热情、凝聚奋进力量。

发挥传统和现代节日的涵育功能。大力实施中国传统节日振兴工程,深化"我们的节日"主题活动,利用春节、元宵、清明、端午、七夕、中秋、重阳等重要传统节日,开展丰富多彩、积极健康、富有价值内涵的民俗文化活动,引导人们感悟中华文化、增进家国情怀。结合元旦、"三八"国际妇女节、"五一"国际劳动节、"五四"青年节、"六一"国际儿童节和中国农民丰收节等，开展各具特色的庆祝活动，激发人们的爱国主义和集体主义精神。

12. 如何依托自然人文景观和重大工程开展爱国主义教育？

寓爱国主义教育于游览观光之中，通过宣传展示、体验感受等多种方式，引导人们领略壮美河山，投身美丽中国建设。系统梳理传统文化资源，加强考古发掘和整理研究，保护好文物古迹、传统村落、民族村寨、传统建筑、农业遗迹、灌溉工程遗产、工业遗迹，推动遗产资源合理利用，健全非物质文化遗产保护制度，推进国家文化公园建设。推动文化和旅游融合发展，提升旅游质量水平和文化内涵，深入挖掘旅游资源中蕴含的爱国主义内容，防止过度商业行为和破坏性开发。推动红色旅游内涵式发展，完善全国红色旅游经典景区体系，凸显教育功能，加强对讲解员、导游等从业人员的管理培训，加强对解说词、旅游项目等的规范，坚持正确的历史观和历史标准。依托国家重大建设工程、科学工程等，建设一批展现新时代风采的主题教育基地。

13. 如何通过涵养国民心态营造爱国主义教育的浓厚氛围？

涵养积极进取开放包容理性平和的国民心态。加强宣传教育，引导人们正确把握中国与世界的发展大势，正确认识中国与世界的关系，既不妄自尊大也不妄自菲薄，做到自尊自信、理性平和。爱国主义是世界各国人民共有的情感，实现世界和平与发展是各国人民共同的愿望。一方面要弘扬爱国主义精神，另一方面要培养海纳百川、开放包容的胸襟，大力宣传坚持和平发展合作共赢、构建人类命运共同体、共建"一带一路"等重要理念和倡议，激励广大人民同各国人民一道共同创造美好未来。对每一个中国人来说，爱国是本分，也是职责，是心之所系、情之所归。倡导知行合一，推动爱国之情转化为实际行动，使人们理性表达爱国情感，反对极端行为。

14. 如何运用制度和法治保障爱国主义教育有效开展？

把爱国主义精神融入相关法律法规和政策制度，体现到市民公约、村规民约、学生守则、行业规范、团体章程等的制定完善中，发挥指引、约束和规范作用。在全社会深入学习宣传宪法、英雄烈士保护法、文物保护法等，广泛开展法治文化活动，使普法过程成为爱国主义教育过程。严格执法司法、推进依法治理，综合运用行政、法律等手段，对不尊重国歌国旗国徽等国家象征与标志，对侵害英雄烈士姓名、肖像、名誉、荣誉等行为，对破坏污损爱国主义教育场所设施，对宣扬、美化侵略战争和侵略行为等，依法依规进行严肃处理。依法严惩暴力恐怖、民族分裂等危害国家安全和社会稳定的犯罪行为。